에펠탑 미스터리

니콜라 트랑티 지음

파리 대학에서 컴퓨터 공학과 통신을 전공한 작가이자 보드게임 디자이너이다. 2005년부터 범죄소설과 작가를 전문적으로 소개하는 최초의 온라인 사이트를 개설해 현재까지 운영하고 있으며, 2012년부터는 스타트업 웹테일즈의 이사로 활동하고 있다. 인터랙티브 서사와 퍼즐 구조를 결합한 게임북 분야에서 특히 높은 지지를 받고 있으며, 프랑스 라루스출판사에서 출간된 『포켓 탈출 게임 (Pocket Escape Game)』 시리즈로 널리 알려졌다. 주요 작품으로는 『코덱스 인페르누스』, 『오펜하이머 미스터리』, 『후디니 미스터리』 등이 있다.

김영신 옮김

프랑스 캉 대학에서 불문학 석사를 받고, 불언어학 D.E.A 과정을 수료했다. 지금은 도서 기획자이자 전문 번역가로 활동하고 있다. 『셜록 홈스의 범인찾기 추리퀴즈』, 『나의 첫 추리퀴즈』, 『날고 싶은 아이, 프리다 칼로』, 『소리를 보는 소녀』, 『한 권으로 보는 어린이 인류 문명사』, 『볼 빨간 아이』, 『병아리』, 『예술의 도시, 파리』 등을 우리말로 옮겼다.

Le mystère Eiffel (Escape Game)
by Nicolas Trenti

Copyright©Larousse, 2019
Korean translation copyrights©2026, REDBEAN Publishing co.,
This Korean edition is published by arrangement with Editions Larousse
through Bookmaru Korea literary agency in Seoul.
All rights reserved.

지니어스 대탈출 게임

에펠탑 미스터리

© 니콜라 트랑티, 2026

1판 1쇄 펴낸날 2026년 4월 17일

지은이 니콜라 트랑티 | **옮긴이** 김영신
총괄 이정욱 | **출판팀** 이지선·이정아·이지수 | **디자인** Design E.T.
펴낸이 이은영 | **펴낸곳** 빨간콩 | **등록** 2020년 7월 9일(제25100-2020-000042호)
주소 서울시 노원구 동일로242길 87 2F | **전화** 02-933-8050 | **팩스** 02-933-8052
전자우편 reddot2019@naver.com | **블로그** blog.naver.com/reddot2019
인스타그램 @redbean_book
ISBN 979-11-91864-63-2 03690

에펠탑 미스터리

위대한 에펠탑 설계자
구스타브 에펠을 찾아라!

니콜라 트랑티 지음 · 김영신 옮김

차 례

이 책의 활용법

벨 에포크 시대의 탈출 게임

새로운 예술이 꽃피고 과학이 눈부시게 발전하며 경제가 급성장하던 20세기 초, 도약의 시대를 맞은 프랑스의 수도 파리에 오신 것을 환영합니다! 지금부터 당신을 과학과 예술이 어우러진 화려하고 낭만적인 세계로 안내하겠습니다.

'벨 에포크' 시대는 19세기 말부터 제1차 세계대전이 발발하기 전까지의 시기를 말합니다. 이 시기 프랑스는 문화, 예술, 과학기술 전반에서 평화와 번영을 누렸습니다. '벨 에포크'는 우리말로 '좋은 시대', 또는 '아름다운 시대'를 의미합니다.

책을 읽기 전에, 종이와 펜을 준비해 주세요. 준비가 되었다면 9쪽의 「사건의 시작」부터 읽기 시작하십시오. 그곳에는 여러분이 떠날 모험의 개요와 20개 구로 정비된 파리의 지도가 실려 있습니다. 파리는 1구부터 20구까지 숫자로 구획되어 있습니다.

이 책의 각 장은 파리의 한 구에 해당합니다. 각 구에서 얻은 단서를 바탕으로 다음 구(장)로 이동하며, 이야기를 이어가세요. 모든 장에는 반드시 풀어야 할 문제가 있으며, 문제를 해결해야만 다음 장으로 넘어가거나 다른 구의 사건을 조사할 수 있습니다.

마지막으로 한 가지 꼭 기억하세요. 모든 문제의 정답은 5개의 알파벳으로 이루어진 단어이며, 보통명사 또는 고유명사입니다. 여러분이 생각한 답이 맞는지 확인할 수 있도록, 책의 마지막 부분에는 각 문제에 대한 설명과 해설이 준비되어 있습니다.

그럼, 행운을 빌겠습니다!

당신이 생각한 답이 182쪽 키워드 사전에 있는지 확인하세요.

만약 생각한 답이 키워드 사전에 없다면, 답이 틀렸다는 의미입니다.
183쪽에 있는 '단서'를 참조하여 좀 더 생각해 보시기 바랍니다.

생각한 답이 키워드 사전에 있다면, 단어 옆에 있는 그림기호가
구 위에 있는 그림문자와 같은지 확인하세요.
그림기호와 그림문자가 같다면? 훌륭합니다!
이젠 지시하는 다음 장으로 넘어가십시오.

만약 그림기호와 그림문자가 다르다면?
정답을 좀 더 고민하거나, 187쪽에 있는 답을 참조하세요.

사건의 시작

위대한 천재
구스타브 에펠이
사라졌다!

파리일보

구스타브 에펠, 자취를 감추다!

3일 전부터 종적 묘연, 지인들조차 아무런 연락을 받지 못하다!
내일 오후 2시 파리 시의회 토론회 개최 예정!
가장 불확실한 상황에 놓인 에펠탑의 운명!

프랑스의 위대한 공학자 구스타브 에펠이 사흘 전부터 흔적도 없이 사라졌다는 충격적인 소식을 전하게 되어 유감이다.

4월 12일 오후, 에펠의 실종을 가장 먼저 경찰에 신고한 사람은 그의 딸 까미유 에펠이었다. 평소 '일 중독자'로 알려진 에펠은 최근 르발루아-페레의 작업실에도 모습을 보이지 않았으며, 지난 사흘 동안 에펠탑 주변에서 그를 보았다는 사람도 없다고 한다.

오늘 아침, 기자가 만난 에펠의 조수 테오도르 보드르넬의 증언에 따르면, 에펠은 4월 11일 이후로 탑 꼭대기에 있는 개인 연구실에도 전혀 나타나지 않았다고 한다.

에펠의 갑작스러운 실종 소식에 파리 전역이 술렁이고 있으며, 그의 행방을 둘러싸고 여러 가지 추측과 의혹이 쏟아지고 있다. 블롱도 경찰서장은 "현재까지 뚜렷한 단서는 없지만, 파리 전 경찰이 에펠을 찾기 위해 총력을 다하고 있다"며, "그가 무사히 돌아오길 바란다"고 밝혔다.

한편, 독자 여러분은 몇 달 전 파리 시의회가 오는 4월 15일, 즉 내일, 에펠탑의 존속 여부를 논의하는 토론회를 열기로 발표했다는 사실을 기억할 것이다.

건설 당시부터 철거를 전제로 세워진 에펠탑은, 투자자들의 추가 자금 투입이 이뤄지지 않을 경우 '예산 낭비'라는 이유로 에펠에게 승인된 탑 운영권이 철회될 수 있다.

'파리탑'으로도 불리는 에펠탑의 유용성을 입증하기 위한 과학적 사업설명회 성격의 이번 토론회에 정작 에펠이 모습을 드러내지 않는다면, 탑의 미래는 한층 더 불투명해질 것이다.

실제로 에펠탑의 미관과 기능을 이유로 '철거해야 한다'는 의견이 여전히 다수를 차지하고 있다. 따라서 구스타브 에펠의 실종은 단순한 개인의 실종 사건을 넘어, 그의 대표작이자 파리의 상징인 에펠탑의 운명마저 위태롭게 흔들고 있다.

왜 에펠탑을 철거해야 하는가?

- 미국의 부호, 제임스 H. 윈더모어의 자유 기고 -

나는 에펠탑의 운명을 결정할 파리 시의회의 토론회를 앞두고, 파리일보의 자유 기고란을 통해 프랑스 국민들이 에펠탑을 세워 얻은 이익과 혜택이 무엇인지 스스로 물어보길 청한다. 에펠탑이 수익성과는 거리가 멀다는 사실은 이미 비밀도 아니다. 기껏해야 연간 수십만 명의 관람객이 방문하는 에펠탑을 그대로 둔다면 머지않아 납세자들은 어마어마한 비용이 적힌 청구서를 받게 될 것이다. 더구나 이 흉물스러운 건축물이 완성되기도 전에 샤를 가르니에, 모파상, 폴 베를렌 등 프랑스의 위대한 예술가들이 비난과 혹평을 쏟아낸 데에는 다 그럴 만한 이유가 있다.

프랑스인들은 그들을 믿고 나를 믿기 바란다. 에펠탑이 철거되고 나면 마르스 광장의 전경은 지금까지 봐 온 것과는 전혀 다른 아주 멋진 광경이 될 것을 확신한다.

테오는 신문 가판대에 놓인 〈파리일보〉의 헤드라인을 보고 서둘러 신문을 집어 들었다. 그러나 미국 부호의 터무니없는 발언을 읽자 금세 분노가 치밀어 올랐고, 결국 몇 걸음 떨어진 쓰레기통에 신문을 내던지고 말았다. 종이 한 장이 공중에서 빙글빙글 돌며 떨어지는 걸 보며, 그는 잠시 자신의 분노가 조금은 우스꽝스럽게 느껴졌다. 깊게 숨을 들이마신 그는 이내 냉정을 되찾고, 뤽상부르 공원 쪽으로 발걸음을 옮겼다.

유난히 혹독했던 겨울이 지나고, 4월의 따스한 햇살이 내리쬐는 파리의 골목에는 봄기운이 완연했다. 점심을 먹기에는 아직 이른 시간이었지만, 카페 테라스에는 이미 사람들로 붐볐고, 도로 위는 자동차와 마차, 버스들이 뒤섞여 혼잡하기 그지없었다.

포르루아얄 거리에 들어선 테오는 전속력으로 달려오던 휘발유 자동차에 하마터면 치일 뻔했다. 운전사는 행인의 안부 따위는 아랑곳하지 않은 채 매캐한 매연을 남기고 그대로 시야에서 사라졌다. 연초부터 건설사들이 경쟁하듯 새 건물을 올리며 도로는 더욱 복잡해졌고, 크고 작은 사고도 끊이지 않았다. 비록 파리 혼잡의 주범이긴 했으나, 휘발유 엔진 자동차는 20세기 초, 혁신과 변화의 상징이었다. (훗날, 이 기계는 석유 파동과 환경오염의 주범이 되어 친환경적이고 성능이 뛰어난 전기자동차와 경쟁하게 된다.)

최근 여러 일로 지쳐 있던 테오는 따사로운 봄 햇살에 잠시 마음이 풀리는 듯했다. 그러나 뤽상부르 공원에 들어서는 순간, 〈파리일보〉에 실린 에펠 실종 기사가 다시 떠올랐다. 그는 기사 속에서 자신의 성 '보트르넬'을 '보드르넬'로 잘못 표기한 기자 생각에 씁쓸한 미소를 지었다. 그런 사소한 표기 실수 하나만 보아도 요즘 세상이 얼마나 부주의해졌는지가 드러나는 듯했다.

테오는 지난 4년 동안 구스타브 에펠의 곁에서 그의 연구를 돕는 조수로 일하며, 누구보다 가까이에서 거장의 사유와 실험을 지켜볼 수 있는 영광을 누렸다.

그가 에펠과 함께 일하게 된 것은 1900년 파리 만국박람회가 끝나갈 무렵이었다. 그해의 화제는 이미 에펠탑을 떠나 새롭게 등장한 지하철과 무빙워크, 뤼미에르 형제의 영화로 옮겨가고 있었다. 1889년 박람회에서 첫선을 보이며 세계의 주목을 받았던 에펠탑은 이제 유행이 지난 철골 구조물쯤으로 취급받고 있었다. 에펠도 탑의 인기가 시들해진 사실을 알고 있었다. 한때 '파리탑'이라 불리며 도시의 상징으로 사랑받던 그 거대한 철탑이 명성을 이어가기 위해서는, 이제 그 존재의 유용성이 입증되어야 했다. 박람회가 끝나갈 무렵, 에펠은 탑이 가진 과학적 이점을 증명할 방법을 찾기로 결심했다.

그해 11월, 에콜 상트랄 파리(ECP)를 막 졸업하고 일자리를 찾던 테오는 친구의 소개로 구스타브 에펠을 만나게 되었다. 우연히도 에펠 역시 같은 학교의 선배였다. 그는 자신의 연구를 보좌할 젊은 조수를 구하고 있었고, 두 사람은 첫 만남부터 놀라울 만큼 잘 통했다. 나이 차는 무려 마흔다섯 살이었지만, 그들의 대화에는 거리감이 없었다. 테오는 세계적인 과학자의 곁에서 일할 수 있다는 사실만으로도 가슴이 벅찼다. 324미터 높이의 탑을 세운 혁신가가 자신의 멘토가 될 줄을, 그가 언제 상상이나 했겠는가.

그 후 4년 동안 테오는 에펠과 함께 수많은 실험과 관측, 설계에 몰두했다. 그 시절은 그의 인생에서 가장 흥미롭고도 빛나는 시간이었다. 매일이 배움의 연속이었고, 에펠은 늘 새로운 문제를 제시하고 누구보다 빠르게 해답을 찾아냈다. 그는 유쾌하고 열정적이면서도 명석한 사고를 지닌 과학자였고, 테오는 그런 에펠을 스승이자 진정한 영감의 원천으로 존경했다.

테오의 멘토, 구스타브 에펠

위대한 과학자들

테오와 에펠은 탑 꼭대기의 연구소에 전기, 기상학, 물리학, 생리학 등 네 개의 실험실을 두고 대부분의 연구를 그곳에서 진행했다. 지난 4년 동안 테오는 그곳에서 에펠과 함께 일하며 토머스 에디슨, 니콜라 테슬라, 굴리엘모 마르코니, 루이 블레리오 등 당대의 위대한 과학자들을 직접 만나는 행운을 누렸다. 심지어 신기술에 매료된 《80일간의 세계일주》의 작가 쥘 베른도 연구소를 방문해, 자기 소설 속 기상천외한 기계들의 과학적 원리에 대해 에펠과 열띤 토론을 벌였다. 테오는 그 광경을 지켜보며 자신이 얼마나 특별한 자리에 있는지 실감했다. 쥘 베른의 상상력과 에펠의 실험 정신이 맞닿는 순간을 눈앞에서 목격할 수 있다는 것은 과학자이자 인간으로서 커다란 행운이었다.

그러나 그런 기억 속에서도 한 줄기 불안이 고개를 들었다. 혹시 지금까지 에펠과 함께해 온 연구가 이대로 물거품이 되는 것은 아닐까. 불행히도, 아침에 쓰레기통에 던져버린 기사 속 내용은 사실이었다. 구스타브 에펠은 사흘 전부터 자취를 감춘 상태였다.

에펠이 사라졌다

테오가 구스타브 에펠을 마지막으로 본 것은 지난 월요일 오후, 실험실에서였다. 그날의 에펠은 평소와 달리 무척 지쳐 보였고, 어쩐지 마음이 불안하게 흔들리는 듯했다. 하지만 그의 불안이 다음 날 열릴 파리 시의회의 토론회 때문은 아니었다. 에펠은 탑의 사업권 재승인을 위해 연구 결과를 발표해야 했지만, 그 일로 걱정하는 기색은 전혀 없었다. 오히려 그는 회의에 참석한 이들을 완전히 설득할 새로운 방법을 찾아내고, 그 확신에 차 있었다.

테오는 에펠이 사라진 시점이 바로 그 월요일 저녁이라고 믿었다. 저녁 7시 무렵 실험실을 나선 이후, 에펠은 흔적도 없이 자취를 감췄다. 그리고 그날 이후로 그를 본 사람은 아무도 없었다. 현재 블롱도 경찰서장이 실종 사건을 지휘하고 있지만, 무능하기 짝이 없는 그는 여전히 단 하나의 결정적인 단서도 찾지 못하고 있다. 대신 그는 에펠이 파리탑의 철거를 주장하는 시의회 의원들을 피해 외국으로 달아났을 것이라는 터무니없는 소문을 근거로 수사를 진행 중이었다.

블롱도 경찰서장

미국 출신의 거부이자 델타기업의 소유주 제임스 윈더모어는 자신이 기고한 〈파리일보〉의 글을 읽으며 만족스러운 미소를 지었다. 그는 에펠탑의 해체가 결정되는 순간, 수만 톤의 강철과 리벳을 헐값에 사들이는 장면을 상상했다. 파리의 상징이 누군가에게는 예술이었지만, 윈더모어에게는 그저 막대한 이익의 원천일 뿐이었다.

한편 같은 시각, 테오는 에펠이 시의회의 압박을 견디지 못해 외국으로 도망쳤다는 블롱도 서장의 추측을 전혀 믿을 수 없었다. 두려움을 모르는 에펠이 발표 하루 전날 비겁하게 도망쳤다는 건 납득할 수 없는 일이었다. 이대로 무능한 경찰에 맡길 수는 없었다. 테오는 에펠을 찾기 위해 직접 나서기로 했다. 내일 오후 세 시, 시의회 토론회가 열리기 전까지 반드시 에펠을 찾아야 했다. 그것만이 철거 위기에 놓인 에펠탑을 구할 유일한 길이었다.

사업가 제임스 윈더모어

'도대체 어디서부터 시작해야 하지?'
테오는 뤽상부르 공원 벤치에 앉아 양복저고리 안주머니에서 파리 지도를 꺼내 펼쳐들었다. 지도 속에는 테오가 앞으로 조사해야 할 파리 20구가 한눈에 들어왔다.

무작정 시내를 돌아다니는 것은 무의미했다. 체계적으로 움직여야 한다. 지도 위를 따라 시선을 옮기던 테오의 눈길이 7구, 에펠탑이 있는 지점에 머물렀다. 에펠이 집 다음으로 가장 많은 시간을 보낸 곳, 바로 탑의 꼭대기에 있는 연구소였다. 마지막으로 그곳에서 어떤 일이 있었는지를 알아야 실마리를 찾을 수 있을 것이다.

조사하는 동안,
16~17쪽에 있는
파리 지도를 참고한다.

이제 파리 7구가 있는 장으로 이동한다.
조사가 진척되는 것을 한눈에 확인할 수 있도록,
지도 각 구 옆의 동그라미에 순서대로 번호를 적어
표시한다. 그렇게 하면, 책을 읽는 내내
문제를 해결한 구들을 쉽게 확인할 수 있다.
책에서 지정하는 구 이외의 다른 구에는
마음대로 접근할 수 없다.

이미 눈치챘겠지만, 조사는 쉽지 않을 것이다. 사악한 음모를 숨기기 위해 곳곳에 판 함정을 피해야 하고, 조사를 방해하려 파리 각 구에 흩어둔 문제들을 풀어내야 한다.

테오가 공원 입구에 서서 힘껏 손을 흔들어 마차를 부르자, 마부가 재빠르게 다가왔다.

"선생님, 어디로 모실까요?"

"에펠탑, 7구로요. 가능한 빨리 가주세요. 매우 긴급합니다!"

마부는 묵묵히 끄덕였고, 마차의 말굽 소리가 포장길을 울리며 출발했다. 테오는 뒤쪽 창문 너머로 빠르게 스쳐가는 골목들을 보며 손에 쥔 지도와 주머니 속 시곗줄을 번갈아 내려다봤다. 시간이 없다. 그 사실만은 분명했다.

7구가 있는 장으로 책장을 넘긴다.
지금부터 여러분도 함께 조사를 시작해 보자.

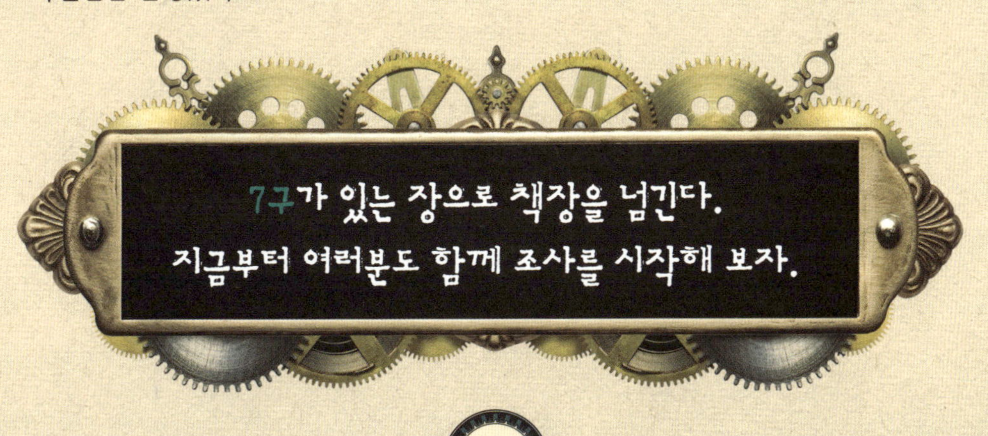

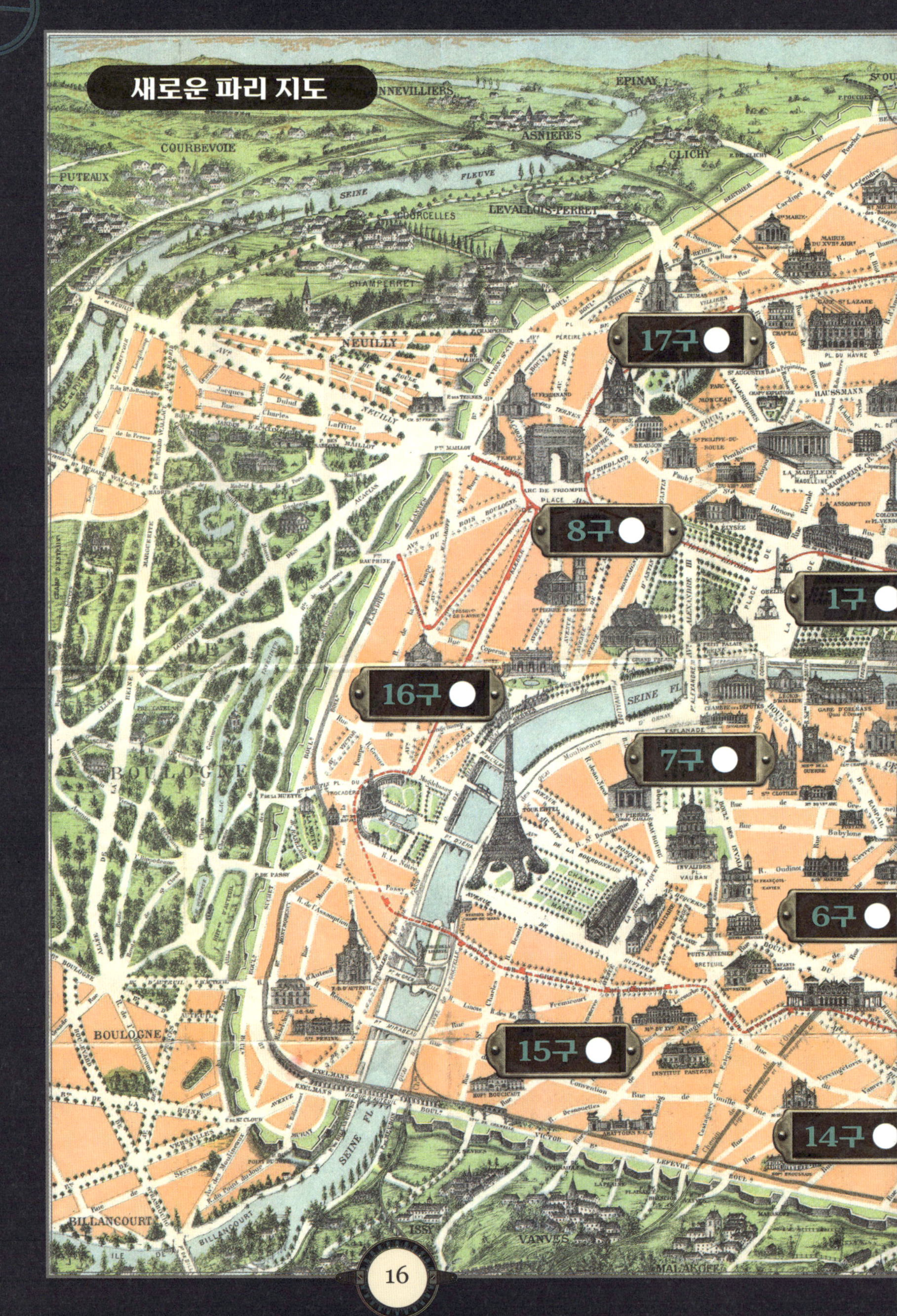

새로운 파리 지도
17구
8구
1구
16구
7구
6구
15구
14구

18구
19구
9구
10구
2구
20구
3구
11구
4구
5구
12구
13구

무선전신의 선구자, 페리에 장군

테오는 지독한 교통 체증 때문에 약속 시간보다 15분 늦게 리볼리 거리에 도착했다.

간밤에 그는 한 시간도 채 잠들지 못했다. 새벽에 벌어진 그 믿기 어려운 사건 — 에펠탑 3층에서의 에펠과 원더모어의 결투, 그리고 두 사람의 추락 — 이 머릿속에서 떠나질 않았기 때문이다. 도무지 현실이라 믿기 어려운 장면들이 자꾸만 되살아났다.

테오는 여전히 이해할 수 없었다. 마치 마법 같은 일이었다. 그가 마지막으로 본 건, 원더모어가 공중에서 검은 연기와 함께 사라지는 순간이었다. 하지만 잠시 후 에펠과 함께 탑을 내려와 바닥을 확인했을 때, 그곳엔 아무것도 남아 있지 않았다. 시신은 커녕, 피 한 방울조차 보이지 않았다.

"틀림없이 그의 하수인들이 처리했을 거야…"

테오는 그때의 혼란스러움을 떠올리며 센강 위를 오가는 화물선들을 물끄러미 바라보았다. 새벽에 일어났던 일들이 마치 꿈속의 환영처럼 멀게 느껴졌다.

달콤한 위로

테오는 에펠과 만나기로 한 리볼리 거리 아케이드의 한 카페로 발걸음을 옮겼다. 카페 문을 열자 따뜻한 초콜릿 향이 퍼지며, 잠시 세상의 혼란이 멀어지는 듯했다. 종업원이 다가와 공손히 인사하곤 그를 안쪽 자리로 안내했다. 금박무늬 벽지와 자주빛 양탄자, 대리석 탁자와 반짝이는 거울이 어우러진 내부는 화려했지만, 이상하게도 테오의 마음은 조금 가라앉았다.

구스타브 에펠은 이미 도착해 있었다. 탁자에는 에펠이 미리 주문한 머랭과 초콜릿, 샹티유 과자, 맛있는 케이크가 담긴 디저트 트레이가 올려져 있었다.

"오, 테오! 드디어 왔군. 피곤하지? 기운낼 만한 것들로 미리 주문해 두었네."

과학 실험실

에펠은 초콜릿을 조금 집어 먹고 차를 한두 모금 마신 것 말고는, 30분 내내 에펠탑의 영구 보전을 위한 시의회 발표에 쓸 연구 성과들을 테오에게 쏟아놓았다. 토론회 준비에 몰두한 탓인지, 그는 그새벽에 벌어진 일에 대해서는 한마디도 꺼내지 않았다.

"우린 지금까지 공기역학 연구와 천문 관측, 기상학적 실험에서 꽤 뚜렷한 성과를 냈네. 시의회의 전폭적인 지지를 얻으려면, 여기에 더해 외부의 추가적 지지가 필요하네."

에펠탑을 구할 수 있는 무선전신

"테오, 자네도 알고 있겠지만, 올해 초 내 친구 구스타브 페리에 장군의 도움으로 에펠탑에서 진행한 무선전신 실험이 대성공을 거두었네. 나는 그 결과를 바탕으로, 에펠탑을 군사용 무선전신 기지국으로 정식 활용하자는 제안을 이미 장군에게 전달했지. 최근의 성공적인 실험 결과를 보면, 장군 역시 우리의 제안을 받아들일 가능성이 매우 높네. 만약 오늘 오후 파리 시의회 토론회에 그가 직접 출석해 군이 에펠탑을 통해 얻게 될 이익을 증언해 준다면 탑의 생존은 확실히 보장될 걸세!"

"하지만 장군님을 어떻게 토론회에 참석하도록 설득하죠?"

"흠… 그래서 말인데." 에펠이 잠시 시계를 확인하며 미소를 지었다. "내가 이미 장군과 약속을 잡아 두었네. 정확히 8분 후, 저기 센강 건너 전쟁부(지금의 국방부)에서 만나기로 했지. 워낙 바쁜 분이라 어렵게 성사된 약속이니, 절대로 늦으면 안 되네. 지금쯤 사무실에서 자네를 기다리고 있을 거야. 장군이 토론회에 참석해 우리를 위해 증언하도록 꼭 설득해 주게. 자네라면 해낼 수 있을 걸세. 나는 그동안 발표 자료를 조금 더 다듬고 있겠네. 자, 테오. 시의회에서 다시 만나세."

브리엔느 관저

에펠은 정말 빈틈이 없다. 테오는 잠시 맛있는 차와 케이크를 음미하고 싶었지만, 그럴 시간이 없었다.

테오는 시간을 아끼기 위해 튈르리 공원과 솔페리노 다리(현재 레오폴드 세다르 생고르 인도교)로 달려갔다. 오후 2시 정각, 테오는 전쟁부가 자리한 브리엔느 관저의 웅장한 정문 앞에 도착했다.

　　테오의 방문 사실을 미리 전달받은 보초병은 테오를 장군 사무실로 안내했다. 테오는 장군의 사무실로 가는 동안 전쟁부 전체가 술렁이고 있다는 것을 깨달았다.

　　페리에 장군의 방은 빛이 잘 들지 않는 작은 방이었다. 그 공간은 마치 무선통신과 전신신호의 박물관을 옮겨놓은 듯했다. 벽면에는 구글리엘모 마르코니의 특허증 여러 장이 가지런히 걸려 있었고, 작은 원탁 위에는 초기 마르코니 수신기의 정교한 모사품이 놓여 있었다. 그 외에도 벽에는 오래된 통신 장비들의 도면과 삽화들이 빼곡히 걸려 있었는데, 그중 하나는 해군에서 사용하는 수기신호(세마포르 통신)를 묘사한 그림이었다.

수기신호(세마포르 통신)

30대 중반, 단정히 다듬은 콧수염과 턱수염이 인상적인 구스타브 페리에 장군이 테오의 손을 꽉 잡았다.

"에펠이 자네 이야기를 여러 번 했네, 테오도르! 자네의 능력을 무척 높이 평가하더군. 내 소중한 친구를 구해줘서 진심으로 고맙네. 자, 이제 말해보게. 내가 자네에게 어떻게 도움을 줄 수 있겠나?"

테오는 이번 방문의 목적을 조리 있게 설명했다. 에펠의 의중과 파리 시의회 토론회에서 장군의 증언이 시장의 결정에 얼마나 결정적인 영향을 미칠지, 그는 진심을 담아 말했다.

"장군님, 오늘 오후 3시에 열리는 파리 시의회 토론회에 참석해 주십시오. 전쟁부가 에펠탑을 기지국으로 사용함으로써 얻게 될 군사적 이익과 그 중요성을 직접 말씀해 주셔야 합니다. 에펠탑이 원거리 통신망에서 차지하는 비중을 증언해 주신다면, 탑의 존속은 분명 보장될 것입니다."

구스타브 페리에 장군

테오는 모든 것이 이미 사전에 조율된 일이라 생각했지만, 갑자기 굳어진 장군의 표정을 보고 불안감이 밀려왔다.

"불행히도 가장 좋지 않은 때에 왔네, 테오도르. 도와주고 싶은 마음은 간절하지만, 지금은 도저히 그럴 수가 없네. 현재 전쟁부는 최고 등급의 비상 상황이네. 오늘 아침, 정보기관으로부터 고위 정치 관료를 겨냥한 테러 가능성이 보고되었어. 지금까지 확보된 단서는 오직 도청을 통해 얻은 다섯 개의 '시간'뿐이지."

18H - 22H 38 - 15H - 22H 45 - 16H 38

장군은 이마를 짚으며 잠시 말을 멈췄다.

"우리는 아직 테러가 언제, 어디서 일어날지 파악하지 못하고 있네. 각 기관이 메시지를 해독하기 위해 총력을 다하고 있지만, 아직 아무런 진전이 없지. 나도 에펠과 자네를 돕고 싶은 마음은 크네. 하지만 이 비상사태 속에서는 자네와 함께 시청으로 갈 수 없다는 걸 이해해 주게."

테오는 잠시 생각에 잠겼다. 만약 자신이 그 메시지를 해독해 테러의 시간과 장소를 밝혀낼 수 있다면, 장군은 시의회 토론회에 참석할 수 있을 것이다.

그렇다면 지금, 장군을 도울 수 있는 유일한 단서는 바로 '다섯 개의 시간'이었다.

장군을 도와 줄 키워드는 무엇인가?

"훌륭해, 구스타브 에펠 말이 맞았어. 에펠 말대로 자네는 정말 똑똑하군! 잠깐만 기다려주게. 곧 돌아오겠네!"

장군은 테오가 알아낸 테러 시간과 장소를 부하들에게 알려주고 곧바로 사무실로 되돌아왔다.

"가장 중요한 문제를 해결했으니, 나머지는 나의 부하들이 처리할 거야. 이제 자네와 같이 시의회 토론회에 참석해도 별 지장은 없을 것 같군. 에펠은 나의 소중한 친구지. 게다가 에펠탑에 무선전신을 설치하는 일은 우리 전쟁부에 아주 중대한 일이야. 에펠의 부탁을 들어줄 수 있게 되어 정말 다행이야."

페리에 장군의 자동차에 함께 오른 채 4구에 위치한 시청으로 향하던 중, 그는 테오에게 예기치 않은 제안을 건넸다.

"자네, 혹시 군 복무를 생각해 본 적은 없나? 무선통신 기동대에 자네 같은 인재가 꼭 필요하네."

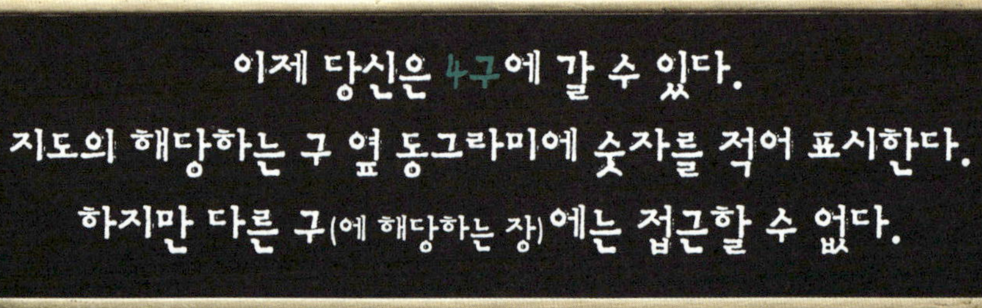

제 2구

신문기자의
비밀스러운 폭로

약 30년 전부터 프랑스 언론의 중심지로 자리 잡은 곳이 있다. 파리 2구 한가운데, 레오뮈르 거리와 오페라 거리 사이 — 일명 '크라상 공화국'이라 불리는 지역이다.

크라상 거리와 몽마르트르 거리를 따라 들어서면 인쇄기가 돌아가는 금속음과 기자들의 분주한 발소리가 밤낮없이 이어진다. 이곳에는 대부분의 주요 일간지와 프랑스 최대의 출판사들이 밀집해 있다.

이곳에서는 밤과 낮의 경계가 사라진 지 오래다. 석간신문 기자들이 새벽부터 출근해 오후 마감까지 원고를 다듬으면, 조간신문 기자들이 오후 다섯 시부터 다시 그 자리를 이어받아 인쇄기가 마지막으로 멈추는 심야까지 숨가쁘게 일한다.

〈파리가제트〉의 기사가 오후에 마감된다는 사실을 잘 알고 있던 테오는 곧장 피에르 르블롱 기자를 찾아 신문사로 향했다. 에펠은 이미 범죄 전문 기자인 르블롱에게 몇 가지 사건을 조사해 달라고 부탁해둔 상태였다. 테오는 그가 분명 중요한 단서를 찾아냈을 것이라 확신했다.

PARIS. — DEVANT LA BOURSE : L'HEURE DES JOURNAUX. — Voir page 342.

가제트 본사 편집국

가제트 본사는 몽마르트르 거리 123번지에 있었다. 테오는 곧장 자동차를 타고 본사로 향했다. 차는 오스만 남작의 도시 재개발 계획으로 새롭게 정비된 레오뮈르 거리에 들어섰다. 반듯하게 뻗은 가로수길과 세련된 석조 건물들은 20세기 초 파리의 건축 혁신을 상징하듯 장엄한 분위기를 풍기고 있었다.

신문사 건물의 1층, 넓은 로비는 일반인에게 개방되어 누구나 드나들며 그날의 기사와 사진, 광고를 자유롭게 열람할 수 있었다. 신문가판원에게 길을 물은 테오는 경비원에게 방문 목적을 밝히고 곧장 편집국으로 향했다. 그는 피에르 르블롱 기자를 찾아왔다고 말했다. 그러나 운이 따르지 않았다. 르블롱은 외출 중이었다.

그때, 테오의 입에서 '구스타브 에펠'이라는 이름이 나오자, 언제나 남의 이야기와 뒷말에 귀를 기울이던 가스통 롱게 기자가 고개를 들었다.

"에펠 씨가 보냈다고요? 자, 절 따라오시죠. 커피 한 잔 대접하겠습니다. 서로 나눌 이야기가 좀 있을 것 같군요."

테오는 롱게 기자의 말에 이끌려 계단을 내려갔다. 두 사람은 곧 신문사 밖으로 나와, 노점상과 짐꾼, 신문가판원, 그리고 새로운 가십거리를 찾아 어슬렁거리는 사람들로 붐비는 몽마르트르 거리를 천천히 걸어가기 시작했다.

신문기자 가스통 롱게

크라상 거리의 카페

두 사람은 신문사에서 몇 걸음 떨어진 크라상 거리로 향했다. 사람들로 북적이는 식당과 카페들로 인해 크라상 거리는 늘 생동감과 활력이 넘쳐흘렀다. 테오와 룽게 기자는 그중 한 카페로 들어섰다. 그 시간대에 카페를 가득 메운 이들의 대부분이 가십과 단독 기사에 목마른 기자들이라는 것은, 단골이 아니더라도 쉽게 짐작할 수 있었다.

카페 안쪽에 자리를 잡은 두 사람은 커피를 주문했다. 주문이 끝나기가 무섭게 종업원이 커피 두 잔을 가지고 왔다. 테오가 동전을 꺼내 계산하려 하자, 룽게 기자가 눈을 찡긋하며 그의 팔을 붙잡았다.

"제가 계산할게요. 회사 비용으로 처리하면 되니까요."

그는 잔을 들며 테오를 흘깃 바라보았다.

"아까 뭐라고 하셨죠? 에펠의 가까운 동료 연구원이라고요? 혹시 에펠 소식이 있습니까? 돌아왔나요?"

"아니요, 아무 소식도 없습니다. 그래서 신문사를 찾아온 겁니다. 최근 에펠 선생님이 피에르 르블롱 기자에게 파리에서 벌어지고 있을지도 모를 음모에 대해 조사를 부탁하신 게 생각났거든요. 그래서 연락도 없이 이렇게 불쑥 찾아왔습니다."

"그렇군요. 피에르 기자가 그 사건을 취재 중인 건 사실입니다. 사건과 관련된 소식을 선생께 전해드릴 수도 있겠죠. 다만…."

그는 손가락 끝으로 가느다란 수염을 천천히 만지작거리며 말을 이었다.

"그에 상응할 만한 정보를, 저에게도 조금 나눠주실 수 있겠습니까?"

일보 전진을 위한 정보 교환

테오는 기자의 뜻밖의 제안에 잠시 당황했지만, 곧 마음을 다잡았다. 가십에 목마른 기자에게 정보를 얻으려면, 그의 호기심을 자극할 만한 이야기를 던져야 했다.

그는 약간의 과장을 섞어 말하기로 결심했다.

"제가 확실히 말씀드릴 수 있는 건 단 하나입니다. 구스타브 에펠은 납치되었습니다. 그리고 제가 곧 그 사실을 증명해 보일 겁니다. 에펠 선생님은 최근 공기역학 연구에서 커다란 성과를 거두었고, 내일 열릴 파리 시의회 토론회에서 그 결과를 발표할 예정이었습니다. 그 자리에서 에펠탑의 사업권이 연장될 가능성이 높다는 걸 모두 알고 있었죠. 제 의견이 궁금하십니까, 기자님? 에펠 선생님을 납치한 자는 에펠탑을 노리고 있습니다. 아니, 어쩌면 파리 자체를 탐내고 있을지도 모릅니다."

테오는 순간 자신이 너무 많은 말을 했다는 걸 깨닫고, 얼른 커피잔으로 시선을 내리깔았다. 하지만 이미 늦었다. 기자의 눈빛은 반짝이고 있었다. 테오는 직감했다. 오늘 석간신문에 '단독 보도! 에펠의 동료가 충격적인 음모를 제기하다!'라는 제목의 기사가 실릴 것이라는 사실을.

"하지만 에펠이 납치되었다는 구체적인 증거는 아직 없는 거죠, 보트르넬 씨?"

롱게 기자는 고개를 갸웃거리며 되물었다.

"확실한 증거나 단서가 생기면 그때 다시 오세요. 저는 할 일이 좀 있어서 이만 가보겠습니다."

그는 자리에서 일어나 서둘러 카페 문을 나섰다. 홀로 남은 테오는 쓸 만한 정보를 얻을 기회를 놓쳤다는 생각에 고개를 떨구었다. 그러다 탁자 밑에 무언가가 놓여 있는 것을 발견했다. 봉투였다. 롱게 기자가 두고 간 것이 분명했다.

봉투 겉면에는 다음과 같이 적혀 있었다.

에펠 선생에게, 피에르 르블롱 기자가.

피에르 르블롱 기자가 취재 내용을 정리해 동료 롱게에게 맡기며, 혹시 에펠이 편집국에 들를 경우 전해 달라고 부탁한 것이 분명했다. 테오는 봉투를 뜯고 글을 읽기 시작했다. 글을 읽는 내내 테오의 두 손이 바들바들 떨렸다. 편지를 다 읽은 테오는 주위를 둘러보며 종이를 접었다.

에펠 선생에게.

선생님, 말씀하신 대로였습니다. 저의 거리 정보원 중 한 명이 몇 달 전부터 파리에 수상한 조직이 생겼다고 보고했습니다. 그들은 자신들끼리 우스갯소리로 그 집단을 '꼬마 집단'이라 부른다고 합니다.

이 조직의 우두머리는 '마법사'라 불리는 자로, 정보원에 따르면 그가 머지않아 파리 전체를 혼란 속으로 몰아넣을 계획을 세우고 있다고 합니다. 마법사는 세력을 넓히기 위해 도시의 빈민가에서 사람들을 모으고 있으며, 그들은 조직의 일원임을 나타내기 위해 손바닥에 특정한 상징을 새긴다고 합니다. 또한, 정보원은 그들이 드나드는 건물 중 하나를 우연히 알아냈습니다. 다만 내용의 중요성을 감안해, 보안을 위해 다음과 같이 암호화했습니다.

Z OAQZJV ZR AF SZJVF

해독 방법은 간단합니다. 선생님과 제가 처음 만났던 날 저녁에 드린 제 명함에 적힌 네 자리 숫자를 코드로 사용해 이 문장을 풀 수 있습니다. 제 기억이 맞다면, 그날 선생님은 명함을 받자마자 지갑에 넣으셨지요. 그 숫자를 떠올리시면 알파벳 순서로 쉽게 해독하실 수 있을 겁니다.

마지막으로 한 가지 더, 선생님께 간곡히 경고드립니다. 이 '마법사'라는 자는 파리를 장악하기 위해 수단과 방법을 가리지 않는 위험한 인물입니다. 경찰 내부에도 이미 그의 공모자가 숨어 있다는 소문이 돌고 있습니다. 그리고⋯ 며칠 후, 그가 마침내 행동을 개시할 것이라는 불길한 이야기가 들려옵니다.

테오는 잠시 생각에 잠겼다가 종이를 다시 펼쳐 한 번 더 읽었다. 읽을수록 등골이 오싹해졌다. 처음엔 에펠 한 사람을 찾으려던 단순한 수색이, 어느새 규모가 훨씬 크고 위험한 음모와 맞서야 하는 싸움으로 바뀌어 버렸음을 절감했다.

기자가 준 정보로 어쩌면 마법사의 계획을 무너뜨리고 에펠을 구해낼 수 있을지도 모른다. 그러려면 기자가 편지에서 언급한 건물의 이름부터 알아내야 한다. 하지만 코드로 사용할 숫자 4개가 적힌 르블롱 기자의 명함이 없으면 모든 것이 헛수고다. 기자 말대로 그 숫자만 손에 들어오면, 암호 해독은 생각보다 간단한 일이 될 것이다.

마법사에게 안내할 길잡이가 될
건물의 이름은 무엇인가?

테오는 탁자에 턱을 괴고 해독한 문장을 다시 눈으로 훑었다.

'마법사는 바르도(BARDO)에 있다.'

'바르도… 특이한 이름이긴 하지만, 분명 본 적이 있다. 하지만 어디서 본 것인지 전혀 기억이 나질 않아.'

별안간 테오 머릿속에 번쩍 떠오르는 것이 있었다. 어린 시절 부모님과 함께 14구에 있는 몽수리 공원의 오솔길을 산책하던 자신의 모습과 초록빛 언덕 위로 천일야화에서 튀어나온 듯 우뚝 솟아 있던 건물이 눈앞에 펼쳐진 것이다. 맞다. 바로 '바르도 궁전'이다.

테오가 알기로, 현재 바르도 궁전은 관측소와 같은 다양한 과학연구실로 사용되고 있다. 아무리 대담한 마법사라고 할지라도 어떻게 수많은 사람이 지켜보는 바르도 궁전을 본부처럼 사용할 수 있단 말인가? 자, 그렇다면 이제 해야 할 일은 무엇인가? 경찰서로 달려가 지금까지 알아낸 것들을 말해야 하나? 너무 위험한 일이다! 르블롱의 편지대로라면, 경찰 내부에도 이미 마법사의 공모자가 숨어 있다. 지금 이 순간 테오가 택할 수 있는 길은 하나뿐이었다. 구스타브 에펠을 찾을 때까지, 최소한 당분간은 혼자서 조사를 이어가는 수밖에 없었다.

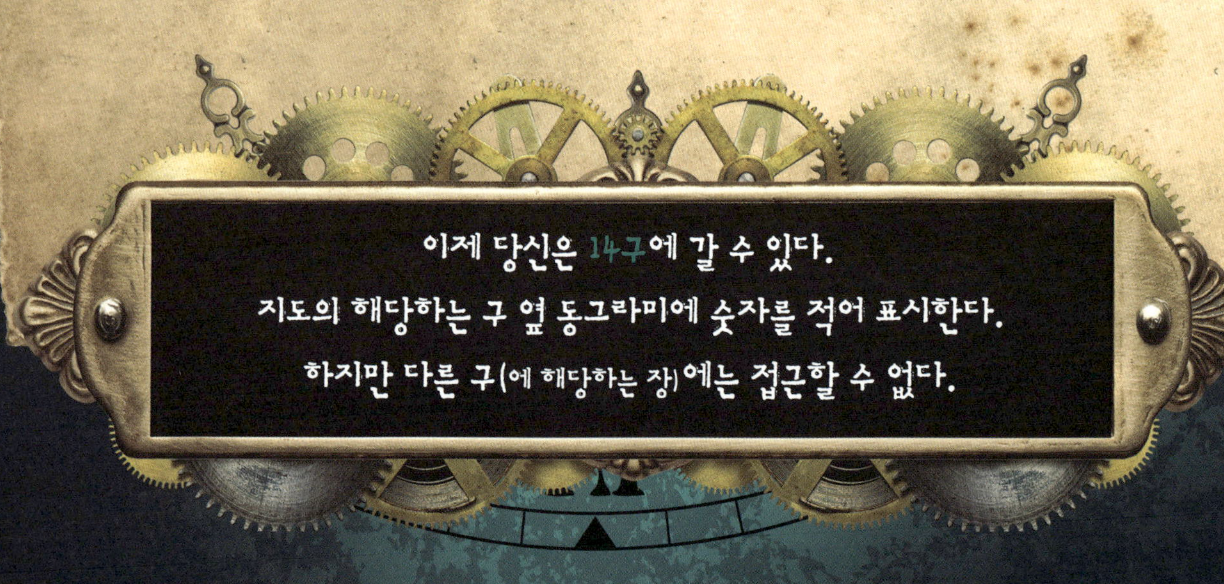

제 3 구
물리학에서 얻은
놀라운 교훈

테오는 3구에 있는 에콜 상트랄(중앙 공과대학) 근처에 도착했다. 그런데 대학 정문 앞에는 사람들이 몰려 있었고, 그 광경에 그는 순간 가슴이 철렁했다. 최근의 일들을 떠올리자 혹시 학교에서도 무슨 좋지 않은 사건이 벌어진 건 아닐지 걱정이 밀려왔다. 그러나 곧 사람들의 밝은 웃음소리와 음악 소리를 듣고 안도의 한숨을 내쉬었다. 학교에서는 축제가 한창이었다.

5년 전, 그가 에콜 상트랄 3학년이던 시절에도 같은 축제가 열렸었다. 전통적으로 3학년 학생들은 학위 취득을 기념하기 위해 다양한 분장을 하고 도시를 행진한다. 그리고 축제의 절정에는 학생들이 직접 만든 모형 건축물이나 운송 수단을 운동장 한가운데 모아 놓고, 모두의 환호 속에 불태우며 졸업을 축하한다.

잠시 추억에 젖은 테오는 곧 자신이 이곳에 온 이유를 떠올렸다. 그는 스승인 물리학과 교수 클로드 샤펠을 만나야 했다. 얼마 전 차고 관리자에게서 습득물로 전달받은 그 미스터리한 도면에 대해 샤펠 교수가 무언가 단서를 줄 수 있으리라 그는 기대했다.

클로드 샤펠 교수와의 만남

학생들은 구경꾼들의 환호를 받으며 콩테 거리 정문을 통해 학교 안으로 들어가고 있었다. 테오는 인파에 휩쓸리지 않기 위해 조용히 다른 길을 택했다. 몽골피에르 거리 쪽에 있는 대학 행정부 출입구로 들어가는 것이 훨씬 현명했다.

그는 신속히 중앙 계단을 올라 행정부 회랑을 통과했다. 예상대로 복도는 텅 비어 있었다. 전통에 따라 학생들은 모두 행진에 참여했을 테고, 교직원들은 혹시 모를 불상사에 대비해 운동장 근처에서 행진을 지켜보고 있을 것이다.

테오는 샤펠 교수를 찾아 여러 연구실을 둘러보았지만, 교수의 모습은 어디에도 보이지 않았다. 그는 강의실 쪽으로 방향을 돌렸다. 그리고 곧, 운동장에서 들려오는 환호와 음악 소리에 아랑곳하지 않고 커다란 강의실 칠판 앞에 서서 복잡한 방정식과 화학 공식을 적고 있는 샤펠 교수를 발견했다.

60대 중반의 샤펠 교수는 강의 준비에 완전히 몰두한 나머지, 테오가 들어온 것도 알아채지 못했다. 조심스레 다가가던 테오는 자신의 존재를 알리기 위해 가볍게 마른기침을 했다. 교수는 순간 손을 멈추었지만, 고개를 돌리지 않은 채 한 손가락을 뒤로 뻗어 '조용히 하라'는 신호를 보냈다. 잠시 후, 그는 칠판에 적던 공식을 멈추고 천천히 몸을 돌렸다.

오랜만의 재회

물리학과 교수, 클로드 샤펠

"샤펠 교수님, 방해해서 죄송합니다. 저는 1900년에 입학한 테오도르 보트르넬입니다."

"보트르넬, 보트르넬이라… 그래, 기억나네. 내가 착각한 게 아니라면 자네는 일반물리학엔 거의 흥미가 없었지. 내 수업에서 항상 반 정도만 맞았고, 전기와 자기학 시험은 20점 만점에 6점이었을 거야. 완전히 바닥을 기거나, 잘해야 그 위를 살짝 맴도는 수준이었지."

예상치 못한 꾸지람에 테오는 난처하게 웃으며 조심스럽게 변명했다.

"맞습니다, 교수님. 하지만 음향학과 광학 쪽은 성적이 꽤 좋아서 학위 취득에는 큰 어려움이 없었습니다. 그리고 지금은 에펠연구소에서 일하고 있습니다. 제가 오늘 교수님을 찾아온 이유이기도 합니다. 교수님, 이 도면이 무엇인지 교수님의 도움이 절실히 필요합니다."

클로드 샤펠 교수는 테오가 내민 종이를 받아들었다.

모든 인간은 자신의 가치를 증명해야 한다

교수는 도면을 한참 들여다보더니, 갑자기 장난기 어린 눈빛으로 테오를 바라보며 의미심장하게 웃었다.

"수업 시간에 내 강의를 성실히 들었더라면, 이 도면의 의미쯤은 금세 알아채고 나를 찾아오는 수고는 하지 않았을 텐데."

"교수님, 부탁드립니다. 상황이 아주 중대합니다. 그 도면이 무엇을 뜻하는지… 제발 말씀해 주십시오."

“그렇다면 먼저 자네의 가치를 증명해 보게. 문제를 하나 내지. 그걸 풀면, 이 도면에 대해 설명해 주겠네.”

테오는 고개를 끄덕였다. 2년간 자신을 지도했던 샤펠 교수가 늘 이런 ‘게임’을 즐겼다는 사실이 떠올랐다. 무뚝뚝하고 고집스러운 그에게서 필요한 정보를 얻으려면 다른 선택지는 없다. 교수의 문제를 풀어야 한다.

샤펠 교수의 문제

교수는 칠판에 분필을 들고 자처럼 생긴 막대 모양의 이상한 다항식을 적었다. 식을 다 적은 교수는 분필을 내려놓고 천천히 몸을 돌린 다음, 테오를 향해 도발하듯이 말했다.

“자네가 아까 광학에서 뛰어났다고 했지? 그렇다면 이게 무엇을 의미하는지 금세 알 수 있을 걸세. 한 번 맞혀보게.”

테오의 대답을 들은 샤펠 교수가 눈을 휘둥그레 뜨며 손뼉을 쳤다.

"오, 훌륭해! 자네, 마음만 먹으면 정말 똑똑하다는 걸 증명할 줄 아는군. 좋아, 이제 도면을 다시 보여주게."

교수는 도면을 한참 들여다보더니 분필을 들 듯 손가락으로 선을 그으며 말했다.

"이게 뭔지 모르겠나? 자네가 들고 있는 도면은 테슬라 코일이야. 아주 높은 전압을 만들어내는 변압기지. 고주파 전기 신호를 변압기를 통해 고전압으로 끌어올리는 원리야.

약 15년 전, 천재 발명가 니콜라 테슬라가 고안했지. 테슬라는 정말 놀라운 인물이야."

테오는 이미 에펠연구소를 방문한 니콜라 테슬라를 만난 적이 있다. 하지만 테슬라의 가장 유명한 발명품 중 하나인 테슬라 코일은 알아보지 못했다. 교수의 말이 맞았다. 샤펠의 전기 강의를 좀 더 열심히 들었다면, 굳이 이렇게 찾아올 일도 없었을 것이다.

발전소에 든 도둑

잠시 생각에 잠겨 있던 테오는 자신의 이름을 부르는 교수의 말에 정신을 차렸다.

"테오도르, 혹시 간밤에 라페둔치 발전소에 도둑이 들었다는 이야기를 들었나?"

"수도권에 전기를 공급하는, 파리 12구에 있는 발전소 말씀인요?"

"그래, 맞네. 아직 언론에는 공개되지 않았지만, 발전소에 침입한 도둑들이 지름 20미터짜리 토로이드를 훔쳐 갔다네. 토로이드는 전선을 원형으로 감아 자기장을 만들어내는 장치지. 쉽게 말해, 일종의 대형 건전지야."

교수는 테오가 고개를 갸웃거리자 입가에 미소를 지었다.

"자네는 아직 이 말의 진짜 의미를 모르겠지? 그런데 말이야, 테오도르. 그 토로이드가 바로 자네가 가져온 도면에서 빨갛게 표시된 부분이야!"

테오는 숨이 멎는 듯한 충격을 받았다. 이건 단순한 우연이 아니었다. 라페둔치 발전소에서 토로이드를 훔친 자들과 구스타브 에펠을 납치한 자들이 같은 세력일 가능성이 높았다. 그렇다면 답은 하나였다. 발전소로 직접 가야 한다. 거기에 반드시 단서가 있을 것이다.

테오는 낙제한 과목들을 만회하기 위해 가능한 한 빨리 교수의 강연에 참석하겠다고 약속하고, 교수에게 진심으로 감사 인사를 전한 뒤 강의실을 빠져나왔다.

테오가 정문으로 발걸음을 옮기는 동안, 행진을 마치고 운동장으로 돌아온 3학년 학생들이 종이와 나무로 만든 4미터 높이의 에펠탑 모형들을 불태우며 자신들의 학위 취득을 축하하고 있었다.

테오는 불타는 에펠탑 모형들을 보며, 그것이 불행의 전조가 아니길 간절히 빌었다.

이제, 당신은 12구에 갈 수 있다. 지도에 해당하는 구 옆 동그라미에 숫자를 적어 표시한다. 하지만 다른 구(에 해당하는 장)에는 접근할 수 없다.

제 4 구

위험이 주는
중고

시청에 도착하다

페리에 장군의 자동차가 시청 뒤편 로보 거리에 도착한 시각은 오후 2시 50분이었다. 곧 시청 안에서는 에펠탑의 해체냐, 유지냐를 둘러싼 치열한 논쟁이 벌어질 예정이었다.

테오는 입구를 지키고 서 있는 두 명의 경찰관에게 토론회가 열리는 장소를 물었다. 경찰은 기자들이 몰려 있는 방향을 가리켰다. 그곳에서는 이미 수많은 기자가 모여 토론의 결과를 예측하며 중앙 계단을 오르고 있었다. 테오는 불안한 마음을 지울 수 없었다. 그들의 대화 조각들 속에서 '해체', '비용 낭비', '안전 문제' 같은 단어들이 들려왔기 때문이다. 그는 순간, 토론의 결과가 혹시 에펠의 바람과는 정반대의 방향으로 흘러가는 것은 아닐까 하는 두려움에 사로잡혔다.

2층으로 올라간 테오는 기자들 틈을 비집고 스테인드글라스로 장식된 긴 회랑을 따라 걸었다. 드디어 회의실 앞에 도착했다. 테오의 가슴은 터질 듯 두근거렸다.

시청 회의실

토론회가 열리는 시청 회의실은 밝은 참나무 목재와 화려한 자수로 장식된 넓은 장방형의 공간이었다. 계단식 좌석마다 책상이 붙어 있었고, 시의원들이 하나둘 자리를 잡으며 서류를 펼치고 있었다. 회의실 뒤편에는 테오를 비롯해 기자들과 구경 온 시민들이 빼곡히 들어차 있었다.

방 안은 기대와 긴장으로 묘하게 뒤섞인 공기로 가득했다. 전면 연단에는 토론자들이 이미 착석해 있었다. 센 구청장이 의장을 맡고, 파리 시의회 의장이 부의장 자리에 앉았다. 에펠탑이 위치한 7구와 15구의 구의원들도 해체 여부를 결정할 표결권을 지닌 위원으로 포함되어 있었다.

잠시 후, 구청장이 자리에서 일어나 회의 시작을 알리며 참석자들과 방청객들에게 정숙을 요청했다.

그때였다. 옆문이 열리며 구스타브 에펠이 모습을 드러냈다. 손에는 연구 자료가 담긴 서류를 들고 있었고, 그는 차분하게 시의원들과 인사를 나눈 뒤, 계단식 좌석 첫째 줄의 마지막 사람 뒤편 자리에 앉았다.

에펠은 잠시 고개를 돌려 관람석 쪽을 바라보았다. 테오와 눈이 마주치자, 그는 안심하라는 듯 미소를 지으며 가볍게 손짓했다.

회의 시작

회의실이 이내 고요해졌다. 센 구청장이 다시 단상으로 올라가 의사일정을 낭독했다.

위원회의 보고가 끝난 뒤 구의원들의 발언이 이어지고, 마지막으로 구스타브 에펠이 연단에 올라 에펠탑의 가치를 옹호하는 연설을 할 예정이었다. 이후 시의회는 심의를 위해 잠시 퇴정했다가 돌아와, 에펠탑의 개발권 연장 여부를 최종 표결로 결정하게 된다.

몇 시간 후면, 에펠탑의 운명이 판가름날 것이다!

첫 번째 발언권을 부여받은 이는 (구)파리위원회의 대표였다. 백발이 성성한 그는 연단에 올라 안경을 고쳐 쓰더니, 인사말 한마디 없이 바로 발표를 시작했다.

"보고서의 결과를 말씀드리겠습니다. (구)파리위원회는 경이로운 건축물로서 파리의 영광과 세계적인 명성을 누려온 에펠탑에 깊은 경의를 표합니다. 비록 최근 그 인기가 예전만 못하더라도, 에펠탑은 지난 15년 동안 파리 시민의 자부심이자, 시대를 기억하게 하는 상징이었습니다." 그는 잠시 말을 멈추고 안경 너머로 회의실을 훑어보았다. 그리고 목소리를 낮추더니, 결연하게 선언했다.

"그럼에도 우리의 결론은 에펠탑이 철거되어야 한다는 것입니다. 에펠탑은 지나치게 거대하며, 이제 사라져야 할 때가 되었습니다. 그것은 마치 키클롭스의 네 다리 위에 선 괴물과도 같아, 아찔하게 높고, 끔찍할 만큼 크기만 한 존재입니다. 탑은 파리의 하늘을 독점하고, 주변의 건물들을 억누르며, 섬세하고 아름다운 도시의 풍경을 무의미하게 만들어 버렸습니다."

객석에서는 놀라움과 분노가 뒤섞인 탄식이 연이어 터져 나왔다. 항상 파리의 문화유산 보호를 주장해온 (구)파리위원회가 믿기 어렵게도 에펠탑의 해체를 요구한 것이다.

구스타브 에펠의 메시지

대표자의 뒤를 이어서 7구와 15구의 구의원들이 센강의 구민들은 에펠탑을 철거하는 것보다 유지하는 데에 훨씬 호의적이라는 의견을 발표했다.

테오는 구의원들의 연설이 이어지는 동안 에펠을 바라보았다. 에펠이 고개를 숙이고 종이에 뭔가를 열심히 적고 있었다. 잠시 후, 그는 옆자리에 앉은 인물에게 종이를 건네며, 조심스럽게 테오가 앉은 방향을 손가락으로 가리켰다. 귓속말로 짧은 말을 전한 그 남자는 고개를 끄덕이고 자리에서 일어났다.

그때, 구청장이 구스타브 에펠에게 발언 기회를 주었다. 그는 침착한 목소리로, 최근 몇 년간 에펠탑에서 이루어진 과학적 연구 성과 — 공기역학 실험, 기상 관측, 무선전신 실험 등의 결과를 차례로 발표하기 시작했다. 그 사이, 에펠의 부탁을 받은 남자가 관객석 사이를 비집고 다가와 조심스레 테오에게 종이 한 장을 내밀었다.

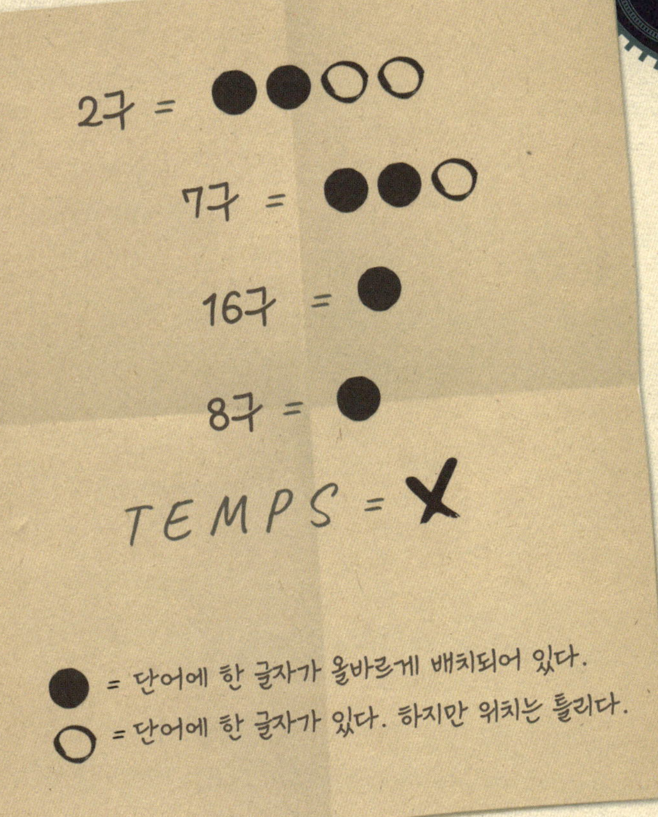

에펠이 몰래 테오에게 전달한 메시지는 무엇인가?

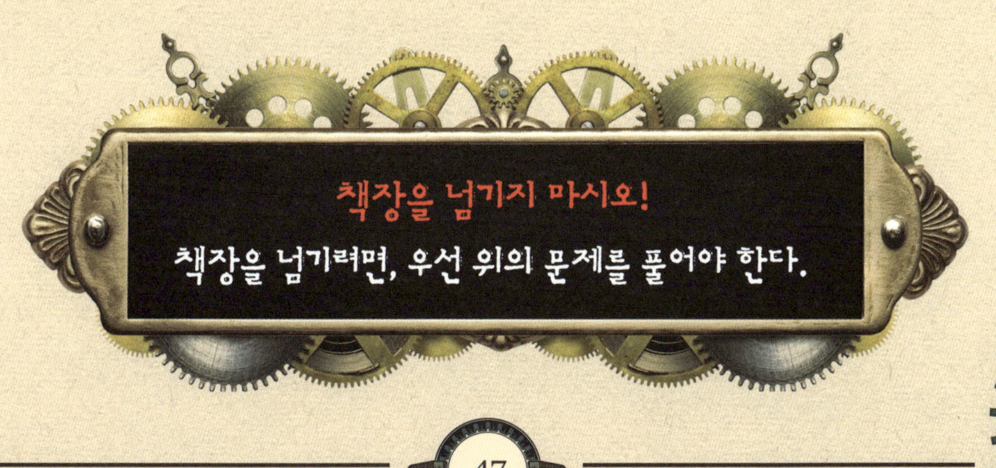

페리에 장군의 도움

당연히 답은 "RADIO"였다! 에펠은 이런 긴박한 상황에서도 과학자의 본성을 감추지 못했다. 그는 직접 도움을 청하는 대신, 문제를 던져 테오의 이해력과 침착함을 시험하고 싶었던 것이다. 약삭빠른 암호의 뜻은 곧 분명해졌다. "무선통신의 전문가인 페리에 장군을 토론에 개입시켜라."

테오가 그 의미를 완전히 깨닫는 순간, 에펠은 이미 모든 것이 예정되어 있었다는 듯 무선통신의 초기 실험 성과에 대해 설명하기 시작했다. 그때였다. 회의장 뒤편에서 페리에 장군이 자리에서 일어나 단상 쪽으로 걸어 나왔다. 에펠은 장군의 움직임을 확인하자, 단호하면서도 침착한 목소리로 입을 열었다.

"지금 이 자리에 페리에 장군께서 와 계십니다. 구청장님, 장군께서 이 토론에 참여하실 수 있도록 허락해 주시겠습니까? 저는 이미 장군께 에펠탑을 군용 무선통신 기지국으로 사용할 것을 제안드렸습니다. 에펠탑이 국가 안보를 위해 쓰이게 된다면, 그것이야말로 진정한 과학의 승리라 생각합니다."

짧은 논의 끝에 구청장은 고개를 끄덕였다. 곧바로 페리에 장군이 단상에 올라 또렷한 목소리로 연설을 시작했다.

그는 에펠탑에 설치된 안테나 덕분에 수백 킬로미터 떨어진 항공부 기구들과의 송수신이 가능해졌고, 그 성과가 프랑스군의 통신 체계에 어떤 혁신을 가져왔는지를 구체적으로 설명했다.

162 ÉPINAL. — Le Dirigeable " Commandant Coutelle ", longueur totale 90 mètres, cubant 10.000 mètres, actionné par 2 moteurs de 200 cheva

토론회의 결과

페리에 장군의 연설이 끝났다. 에펠은 물을 한 모금 마신 후, 자신의 마지막 연설문을 읽었다.

"친애하는 구청장님, 그리고 시의회 의원 여러분. 에펠탑은 단순한 철골 구조물이 아닙니다. 그것은 프랑스의 뛰어난 엔지니어들이 금속 위에 세운 과학의 탑이며, 우리 공학의 정수이자 세상 어디에도 존재하지 않는 유일한 건축물입니다. 그러므로 우리는 이 탑을 일시적인 유행이나 장식물로 판단해서는 안 됩니다. 에펠탑은 과학의 진보를 증명하는 살아 있는 증거이며, 연구와 관측이 이루어지는 공간이자 미래 세대를 위한 실험실입니다. 저는 이 탑이 앞으로도 프랑스 국민과 과학을 위해 봉사하는 장소로 남을 것을 약속드립니다. 이상으로 제 발언을 마치겠습니다."

에펠의 말이 끝나자 우레와 같은 박수가 터져나왔다. 구청장은 결론을 위해 잠시 퇴정할 것이라고 말한 뒤, 회의장에서 사라졌다. 사람들은 웅성거리기 시작했다.

구청장이 판결을 내리다!

구청장과 위원회가 퇴정한 지 한 시간이 훌쩍 지났다. 기자들과 방청객들은 의회의 결정을 두고 속삭이며 시간을 보냈다. 그때 회의실 문이 활짝 열리며 시의회 직원이 목소리를 높였다.

"여러분, 의원님들이 돌아왔습니다! 곧 구청장님께서 에펠탑의 운명에 대한 판결을 내리실 것입니다!"

수많은 사람이 결과를 듣기 위해 관람석에 몰려들어 길게 줄지어 섰다.

드디어 구청장이 장중한 목소리로 판결문을 읽기 시작했다.

"존경하는 시의회 의장님과 의원 여러분, 구의회 의원님들, 그리고 위원회 위원 여러분, 마지막으로 구스타브 에펠 선생님께 말씀드립니다. 오늘 우리는 다양한 의견을 경청하고 심사숙고한 끝에 결정을 내렸습니다. 이 회의를 주관한 파리시는 구스타브 에펠 선생에게 앞으로 70년간, 마르스 광장에 위치한 에펠탑의 사업권 연장을 승인합니다."

최후의 약속

파리시의 결정에 환호하는 박수가 축포처럼 터지는 가운데, 구스타브 에펠의 얼굴에 환한 미소가 퍼졌다. 에펠탑은 이제 영원히 파리의 하늘 아래 살아남게 된 것이다.

테오는 시의회 결정을 명문화하기 위해 시청 밖에 모여든 기자들에게 포즈를 취하고 있는 구스타브 에펠을 바라보며 서 있었다. 에펠이 군중 속에 서 있는 테오를 발견하고 곧장 달려와 포옹을 하며 말했다.

"고맙네, 테오! 모든 것이 자네 덕분이야! 자네가 없었다면 이 일은 불가능했을 거야. 기자들과 인터뷰한 후, 우리 둘이서 조용히 승리를 축하하세. 저녁 8시, 18구의 몽마르트르 대성당 앞에서 보세. 내 단골식당에 가서 저녁을 먹고, 여력이 된다면 클리쉬 거리에 있는 극장에 공연을 보러 가지."

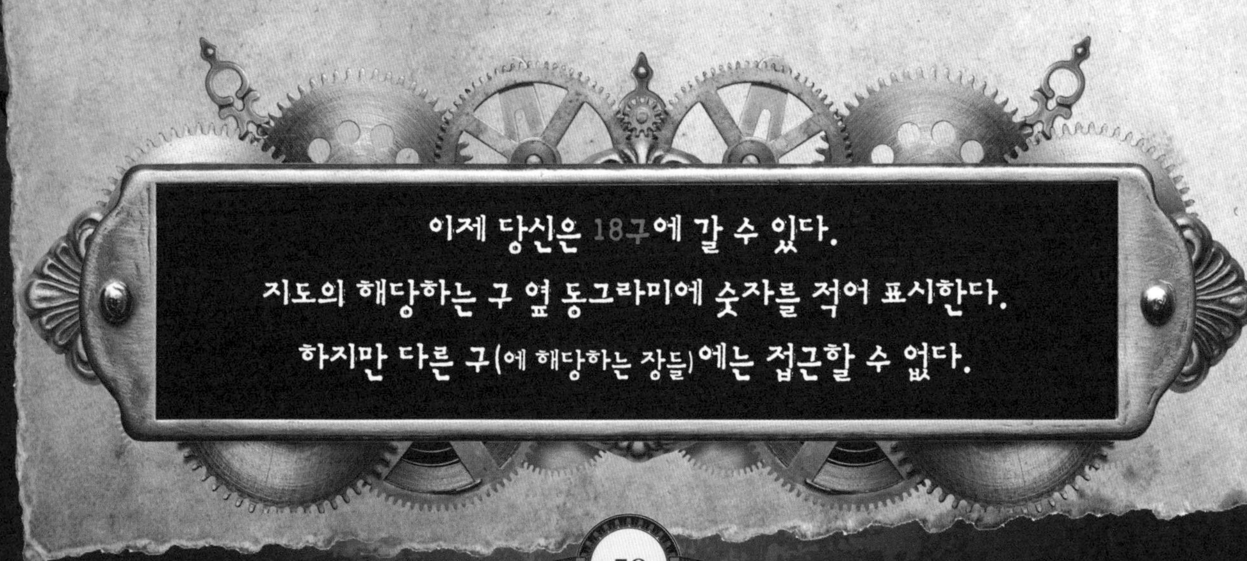

팡테옹의 무선전신

테오는 수플로 거리를 따라 천천히 걸었다. 길 끝 언덕 위로, 어둠 속에서도 위엄을 잃지 않은 팡테옹의 돔이 은빛 달빛에 잠겨 있었다. 그는 잠시 걸음을 멈추고 묵직한 감탄과 함께 그 건물을 바라보았다.

에펠의 말이 맞다면, 팡테옹 내부에는 5년 전 설치한 최초의 무선통신 장비가 여전히 남아 있을 것이다. 테오는 그 장비를 이용해 뉴욕의 니콜라 테슬라에게 긴급 전보를 보내야 했다. 시차를 계산하면 지금이야말로 뉴욕이 오후 시간, 테슬라가 실험실에 머물 가능성이 가장 높은 때였다. 지금 보내야 회신을 신속히 받을 수 있다.

그의 머릿속에 다섯 해 전의 기억이 떠올랐다. 1898년 11월, 유진 뒤크르테와 구스타브 에펠은 약 4킬로미터 떨어진 에펠탑 3층과 팡테옹 사이에서 세계 최초로 무선 전보 송·수신에 성공했다. 그 역사적인 신호음이 파리의 하늘을 처음 가른 순간 사람들은 전율했고, 에펠은 눈빛 하나로 확신을 드러냈다.

이후 에펠은 군대의 무선전신 설치 장소로 에펠탑을 이용하라고 제안하며, 송신 안테나 설치 비용까지 자비로 부담했다. 그 덕분에 지금은 파리에서 바다 위 함대들과의 실시간 송·수신이 가능해진 것이다.

팡테옹 오르기

테오는 어둠을 틈타 팡테옹 주위의 철책을 넘었다. 테오는 성큼성큼 팡테옹으로 연결된 계단을 걸어 올라가 곧장 정문 회랑에 도착했다. 주위를 살핀 후, 테오는 아직 닫히지 않은 옆문을 통해 안으로 들어갔다.

에펠이 말해준 대로였다. 왼쪽 회랑 끝에는 돔으로 오르는 달팽이 모양의 나선계단으로 연결된 문이 있었다. 테오는 양손에 힘을 주며 계단을 오르기 시작했다. 약 100개 남짓의 계단을 오르자, 중앙홀 내부와 지구의 자전운동을 입증하는 푸코의 진자가 한눈에 보이는 중이층이 눈앞에 나타났다.

테오는 잠시 그곳에서 숨을 돌렸다가 다시 발걸음을 옮겼다. 계단은 계속 이어졌고, 이윽고 그는 둥근 회랑을 지나 돔의 주랑 위에 섰다. 찬 바람이 뺨을 스쳤고, 그 바람 속에서 파리의 야경이 눈앞에 펼쳐졌다.

파리의 전경

높이 50미터에서 바라 본 파리의 전경은 말로 표현할 수 없을 만큼 아름다웠다. 팡테옹의 주 상단부 앞으로 나온 테오는 뤽상부르 공원 너머로 생 쉴피스 성당, 엥발리드 공원, 에펠탑과 탑 위의 전조등을 바라보았다. 시선을 오른쪽으로 돌리자 루브르와 샤를르 가르니에 오페라 지붕이 보였다.

무선전신 장치

테오는 무선전신 통신장비를 찾기 위해 주랑을 따라 돌아다니다가, 통로 아래쪽에 자리한 작은 방 하나를 발견했다. 방 안에는 여기저기서 삐죽 튀어나온 전선 다발이 벽을 타고 얽혀 있었다. 옥외로 시선을 돌리자, 돔 꼭대기와 팡테옹의 박공판에 설치된 철탑 사이로 다섯 가닥의 두꺼운 전선이 부채꼴 모양으로 팽팽히 쳐져 있었다. 그것이 바로 안테나 역할을 하는 전선들이었다.

테오는 돔 아래쪽, 사무실로 개조된 작은 방의 책상 위에서 변압기(유도 코일)가 달린 뒤크르테 송신기를 발견했다. 에펠은 이미 그에게 송신기의 원리와 작동 방식을 설명해 준 바 있었다.

굴리엘모 마르코니. 사상 최초로 무선통신을 실용화시킨 인물

송신기의 스위치는 두 개의 구리공 사이에 강력한 축전지를 연결해 전류의 송출을 조절한다. 첫 번째 공은 안테나에, 두 번째 공은 지면과 연결되어 있다. 이 두 지점 사이에서 생긴 전압 차이가 전파를 만들어내고, 그 신호가 대기 중으로 퍼져나가는 것이다.

무선전신 장치에 전력 공급하기

에펠은 대서양 건너편의 니콜라 테슬라처럼 먼 거리에 있는 사람에게 신호를 성공적으로 보내려면 고압의 보조 발전기를 돌려 전파의 세기를 증폭시켜야 한다고 말했었다.

테오는 에펠의 말을 떠올리며 방 안 구석에 놓인 발전기의 손잡이를 잡았다. 기어가 돌아가자 기계가 낮은 진동음을 내며 힘차게 회전하기 시작했다. 순간, 벽에 달린 백여 개의 전구가 하나둘 깜박이더니 방 안이 은은한 빛으로 물들였다.

테오는 그 빛을 바라보며 문득 세계박람회의 밤을 떠올렸다. 당시 전기궁전을 가득 채우던 눈부신 조명, 수천 개의 전등이 동시에 밝아지던 그 찰나의 전율이 다시 한 번 가슴 깊은 곳에서 살아났다.

드디어 전구의 불들이 그림처럼 안정적으로 켜졌다. 하지만 신호기는 여전히 작동되지 않았다. 사실, 에펠은 발전기로 송신기를 가동시키려면 보안을 위해 키워드를 입력해야 한다고 했다.

키워드의 단서는 테오가 이곳으로 출발할 때, 에펠이 준 카드에 적혀 있을 것이다.

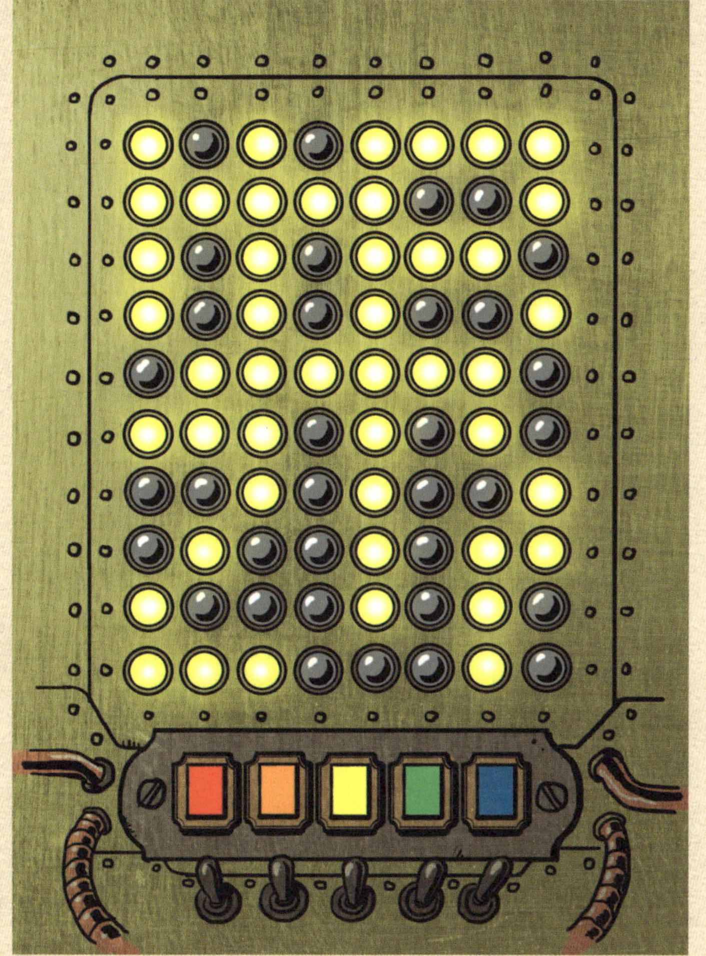

키워드는 무엇일까?

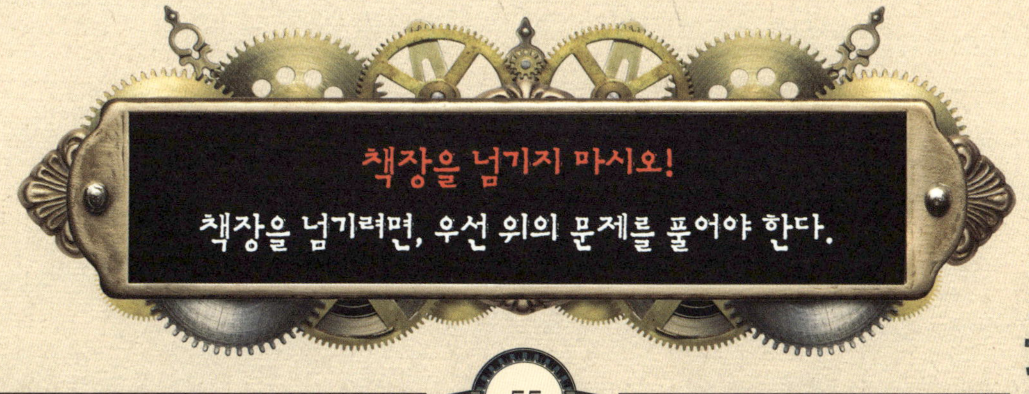

고압 발전기가 가동되자, 방 안이 낮게 윙윙거리는 진동음으로 가득 찼다. 테오는 송신 장치를 점검한 뒤 의자에 앉아 안테나 연결 상태를 확인했다.

모든 준비가 끝나자, 그는 천천히 손가락을 들어 스위치 위에 올렸다. 그리고 에펠이 부탁한 메시지를 모스 부호로 송신하기 시작했다. 스위치를 누를 때마다 동으로 된 두 개의 공 사이에서 보랏빛 전기 불꽃이 튀었다.

> "에펠이 테슬라에게.
> 파리 에펠탑에서 납치 사건 진행 중.
> 필요 이상으로 큰 워든클리프탑* 복제 실험?
> 긴급! 경험과 조언 필요. 친구로부터!"

(* 워든클리프탑은 테슬라가 1901년 뉴욕주 쇼어햄에 세운 실험적인 무선송신시설을 말한다.)

한눈에 봐도, 송신은 성공이다. 테슬라로부터 답신이 오길 기다리는 동안, 테오는 잠시 바깥 공기를 쐬러 주랑으로 나왔다. 파리의 하늘은 여전히 달빛에 잠겨 있었다.

놀라운 테슬라의 답신

몇 분 지나지 않아, 수신기에서 따각따각 하는 소리가 들려왔다. 테오는 급히 방 안으로 들어가 무선장치의 작동 상태를 확인했다. 기계에서는 얇고 긴 종이 테이프가 서서히 인쇄되어 나오고 있었다.

테오는 종이를 눈앞에 들고, 신호를 하나씩 해독해 내려갔다.

"테슬라가 에펠에게.

마법사의 계획에 대해 이미 알고 있음.

오늘밤 파리 도착.

파리 13구 생 마르셀 거리 81번지 방문 요망"

'이럴 수가! 테슬라가 이미 마법사와 그의 계획에 대해 알고 있다니. 오늘 저녁 파리로 온다고?'

잠시도 지체할 겨를이 없었다. 테오는 잠시 후, 13구에서 가장 위대한 발명가 중 한 사람과 만나기로 약속을 한 것이다.

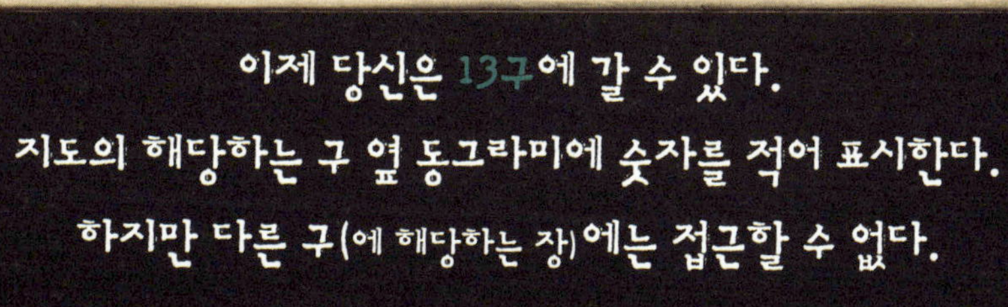

제 6 구

끔찍한
발명

몽파르나스, 브레아 거리의 안식처

테오와 에펠이 브레아 거리에 도착한 것은 오후 8시 무렵이었다. 테오가 이곳 아파트에서 세 들어 산 지도 어느덧 3년이 다 되어간다. 그는 스승을 다시 만난 기쁨에 잠시 감상에 젖었다.

몽파르나스 역을 지나며 두 사람은 1895년에 발생한 끔찍한 철로 사고 이야기를 나누었다. 그리고 그런 비극을 다시는 되풀이하지 않기 위해 가능한 과학적 예방 방법에 대해 열띤 토론을 벌였다.

테오가 아파트 건물의 문을 열려는 순간, 그들 곁에 한 대의 자동차가 미끄러지듯 멈춰 섰다. 차 문이 열리자, 한 여인이 다급히 내려 에펠의 품에 안겼다.

"아버지… 이제야 마음이 놓여요. 얼마나 걱정했는데요!"

"클레르, 다 괜찮다. 보다시피 나는 이렇게 멀쩡하지 않니. 이제 더는 걱정하지 않아도 된단다. 자, 눈물은 그만 닦고… 모든 건 이 테오 덕분이야. 덕분에 다친 데 하나 없이 무사히 돌아올 수 있었단다."

클레르 부인은 간신히 감정을 추스르며 테오의 손을 꼭 잡았다.

"테오도르, 정말 고마워요. 무슨 일이 있었는지 이야기해 주실래요? 어떻게 아버지를 찾아내신 거죠?"

테오는 미소를 지으며 고개를 저었다.

"저에게 따로 고마워하실 필요는 없습니다. 우선 위로 올라가시죠. 들어가서 천천히 말씀드리겠습니다."

테오와 에펠 그리고 클레르 부인은 7평 남짓한 테오의 원룸으로 들어갔다. 에펠은 지쳤는지 커다란 소파에 털썩 주저앉았다. 테오가 평소 책을 읽는 소파다. 클레르 부인은 거추장스러운 드레스 때문에 어쩔 수 없이 작은 나무의자에 걸터앉았다. 두 사람은 테오의 이야기를 듣기 위해 숨을 죽이고 있었다.

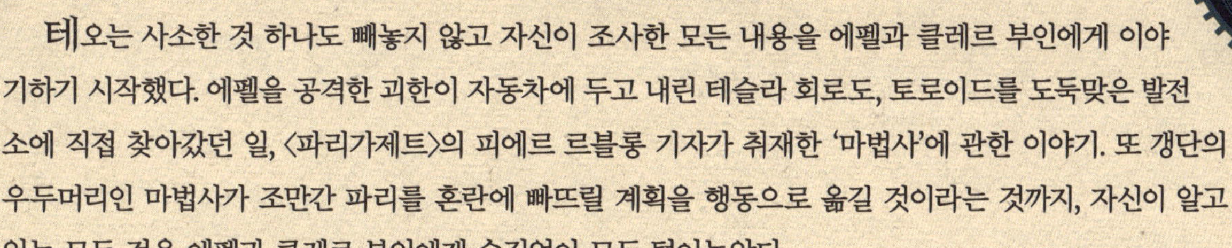

테오는 사소한 것 하나도 빼놓지 않고 자신이 조사한 모든 내용을 에펠과 클레르 부인에게 이야기하기 시작했다. 에펠을 공격한 괴한이 자동차에 두고 내린 테슬라 회로도, 토로이드를 도둑맞은 발전소에 직접 찾아갔던 일, 〈파리가제트〉의 피에르 르블룽 기자가 취재한 '마법사'에 관한 이야기. 또 갱단의 우두머리인 마법사가 조만간 파리를 혼란에 빠뜨릴 계획을 행동으로 옮길 것이라는 것까지, 자신이 알고 있는 모든 것을 에펠과 클레르 부인에게 숨김없이 모두 털어놓았다.

에펠의 납치

이번에는 에펠이 며칠 동안 자신에게 벌어진 일에 대해 천천히 이야기하기 시작했다.

"4월 11일, 월요일 아침이었네. 평소보다 일찍 사무실에 도착했지. 전날의 공격으로 충격이 아직 가시지 않아 밤새 뒤척였거든. 그때만 해도 얼마나 위험한 일이 벌어지고 있는지 짐작조차 못 했어.

일을 마치고 저녁 무렵 마르스 광장을 걷고 있었는데, 갑자기 다섯 명의 사내가 내 앞을 가로막았네. 그들이 일제히 달려들더니 나를 마구 때리며 자동차 속으로 밀어 넣었네. 차 안으로 내동댕이쳐진 순간, 정신을 잃었어. 그리고 정신을 차렸을 땐, 바로 자네가 나를 발견한 그곳이었지. 그곳에서 사흘을 갇혀 있었네. 가끔 누군가 빵과 물을 가져다주곤 했지."

에펠은 잠시 숨을 고르고, 담담히 말을 이었다.

"그리고 수요일 아침, 마침내 두 남자가 나타났어. 그들은 나를 지하 사무실로 데려갔지. 그 순간, 나는 그곳이 몇 년 전 연구 목적으로 방문한 적이 있는 바르도 궁전이라는 걸 알아차렸네. 그 사무실 안에는 이상한 가면을 쓴 남자가 앉아 있었지."

"마법사예요!"

테오가 자리에서 벌떡 일어나 외쳤다.

"그래, 맞아. 바로 그 마법사였네. 그자는 몇 시간 동안 나에게 에펠탑에 대해 꼬치꼬치 캐물었어. 토대 구조, 기초공사 방식, 금속 연결 구조까지. 그때 깨달았지. 그는 에펠탑을 지속적인 에너지원으로 이용하려 한다는 걸."

"에너지원이요? 어떻게요?"

"테오, 자네도 기억하지? 그들의 좌우명, EX TEMPORE HOMINES ENERGIAM REGUNT!"

클레르 부인이 어리둥절한 표정으로 두 사람을 번갈아 보았다.

"이제부터 인간이 에너지를 지배한다는 뜻이죠. 정말 그런 게 가능할까요?"

테오는 클레르 부인을 위해 라틴어를 풀이하며 에펠에게 물었다.

"그 답은 자네가 바르도 궁전에서 가지고 나온 도면에 있을 것 같네. 도면을 펼쳐서 함께 풀어보는 것이 어떤가?"

테슬라의 미완성 실험

테오는 도면을 꺼내 침대 위에 펼치고, 네 귀퉁이가 말리지 않도록 책으로 눌렀다.

"의심할 여지가 없네."

에펠이 낮게 중얼거렸다.

"내 생각이 맞았어. 이 갱단은 니콜라 테슬라의 미완성 실험을 완성하려는 것이야. 그들은 테슬라의 '워든클리프탑'을 다시 세울 계획을 세우고 있어."

"아버지, 그게 무슨 뜻이에요? 테슬라의 미완성 실험이라니요?"

클레르 부인의 물음에 에펠은 천천히 설명했다.

"니콜라 테슬라는 몇 년 전부터 전리층을 통해 무선으로 전력을 전송하는 장치를 개발하고 있었지. 그래서 뉴욕 근교에 백 미터 높이의 탑을 세우고 '워든클리프탑'이라 이름 붙였어. 탑은 완성됐지만, 자금이 끊겨 아직 가동되지 못했지. 테슬라는 그 탑을 통해 대기 중 전자파를 이용해 전기를 전송할 수 있다고 확신하고 있어. 그의 말에 따르면, 공중의 에너지 매개체인 '에테르'를 통해 인류 모두에게 무한한 전기를 무료로 공급할 수 있다는 거야."

"에테르…!"

테오가 숨을 들이켰다.

"갱단의 좌우명 첫 글자예요. 연결이 분명해요!"

"맞네, 테오."

에펠은 고개를 끄덕이며 말했다.

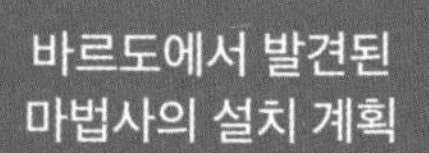

"테슬라의 이론에 따르면, 거대한 테슬라 회로와 지하에 접지된 대규모 기반, 그리고 수백 미터 높이의 탑 꼭대기에 설치된 토로이드만 있으면 그 실험은 가능하지. 테슬라가 워든클리프탑을 세운 이유가 바로 그거야."

"도둑들이 발전소에서 훔쳐 간 것도 바로 그 토로이드였어요! 선생님, 그렇다면 마법사가 에펠탑을 워든클리프탑처럼 사용하려는 건가요?"

"그렇다네. 그들은 분명 그와 비슷한 일을 시도하고 있어. 도면을 보면 아직 전류를 완전히 통제하지는 못한 것 같지만, 그게 오히려 더 위험해. 잘못하면 파리 전체가 재앙에 휩싸일 수도 있어."

도면 정밀검사

두 사람의 대화는 점점 긴박해졌다. 그때 클레르 부인이 도면을 유심히 살피다 한쪽 귀퉁이를 가리켰다.

"여기요, 이 이상한 기호들은 뭐예요?"

"좋은 질문이네요, 클레르 부인. 저희도 아직 그게 무엇을 뜻하는지 알아내지 못했습니다." 테오가 말했다.

에펠은 소파에서 일어나 외알 안경을 쓰고 도면을 자세히 들여다보았다.

잠시 후, 그의 눈빛이 번뜩였다.

"그래… 이건 단어야! 다섯 개의 알파벳으로 된 단어! 점점 흥미로워지는군, 테오."

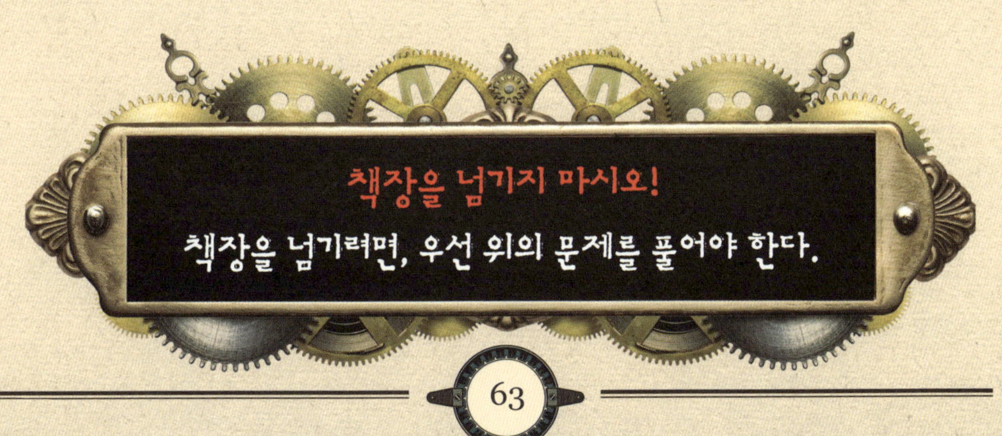

구스타브 에펠이 찾은
단어는 무엇인가?

귀퉁이의 기호에 화살표가 있는 부분을 안쪽으로 접으니, DELTA(델타)라는 단어가 나타났다. 테오는 그것이 무슨 뜻인지 금방 알아채지 못했다.

"DELTA? 선생님, 이게 무슨 뜻인가요? 저희가 조사하고 있는 일과 관련이 있습니까?"

"이보게, 테오! 이 도면은 미국의 대표적인 기업인 DELTA가 만든 거야. 이 기업의 대표가 바로…"

"제임스 윈더모어! 금융계의 거물이잖아요. 그는 에펠탑을 해체해 정련된 강철을 팔아치우려는 인물로 알려져 있죠. 그런 사람이 테슬라의 실험을 진행하고 있다고요? 선생님 말씀이 맞다면, 제임스 윈더모어가 마법사라고 생각할 수밖에 없어요."

"그래, 나도 같은 생각이네. 하지만 이건 우리가 생각한 것 이상으로 거대한 음모일 수도 있어. 테오, 자네는 자네대로 계속 조사하게. 나도 따로 몇 가지 사실을 확인해 보겠네."

새로운 모험을 향해

"테오, 자네가 해줘야 할 두 가지 임무가 있네. 첫째, 미국 뉴욕주 쇼어햄에 있는 니콜라 테슬라에게 전보를 보내게. 현재 상황을 최대한 자세히 알리게나. 테슬라가 그 전보를 받으면, 우리가 다음에 무엇을 해야 할지 분명한 조언을 줄 걸세. 단, 절대로 에펠탑 송신기 근처엔 가지 말게. 그곳은 너무 위험해. 마법사의 부하들이 이미 에펠탑 주변을 감시하고 있을 거야. 대신 5구의 팡테옹으로 가게. 기억하지? 우리가 최초로 전신 시험을 했던 바로 그곳 말일세. 아직 장비가 작동할 거야."

"네, 알겠습니다! 그럼, 두 번째 임무는요?"

"제임스 윈더모어에 대해 좀 더 많은 정보가 필요하네. 미국대사관에 내 오래된 친구가 있지. 이름은 윌리엄 호너야. 이 시간이라면 아마 9구의 유니언 클럽에서 카드게임을 하고 있을 거야. 내 이름을 대면 자네를 도와줄 걸세. 가서 윈더모어에 대한 가능한 모든 정보를 알아 오게."

"네, 알겠습니다. 반드시 윈더모어에 대한 정보를 가져오겠습니다!"

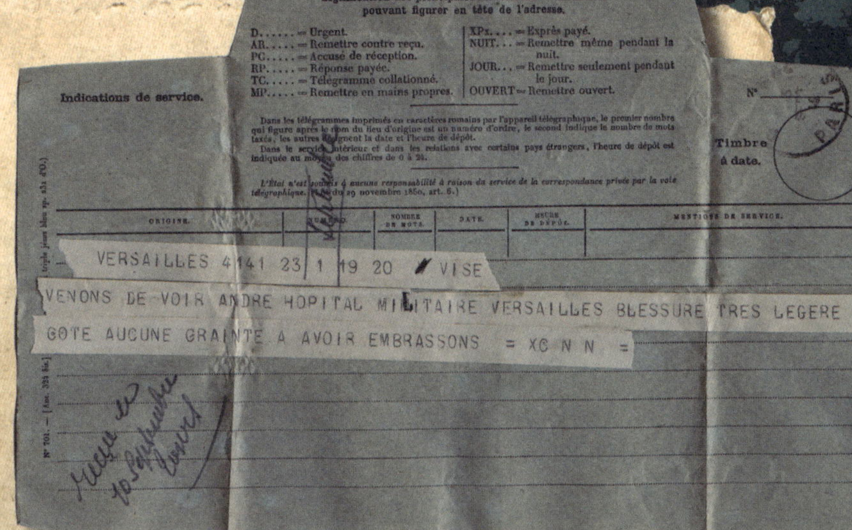

에펠은 고개를 돌려 클레르를 바라보았다.

"클레르, 너는 가능한 한 빨리 파리를 떠나야 한다. 리옹역에서 내일 새벽에 출발하는 코트다쥐르행 기차를 타거라. 보리외 빌라에 있는 게 훨씬 안전할 거야. 그때까지 이곳에 머무는 것에 대해 테오도 동의할 게다. 테오, 우리는 이제 단 1분 1초도 허비할 수 없어. 반드시 마법사를 막아야 하네."

제 7 구
마르스 광장의
음모
LALANDE   TRESCA   PONCELET

정오가 조금 지난 무렵, 테오를 태운 마차가 에펠탑에서 수백 미터 떨어진 라 부르도네 거리에 멈춰 섰다. 테오는 익숙한 몸짓으로 마부에게 동전을 건네고 곧장 마르스 광장으로 달려갔다.

만국박람회가 끝난 지 4년, 마르스 광장은 이제 공원으로 변모하는 중이다. 각양각색의 형태로 관람객을 사로잡았던 진열관들은 물론, 로비와 공연장, 전시실이 있던 화려한 궁전들까지 이미 몇 주 전 모두 해체되어 에펠탑 주변의 전경은 한결 환하고 탁 트였다.

박람회 기간 내내 전시 공간을 찬란하게 밝혔던 전기궁전 또한 끝내 남지 못하고 해체되었다. 불과 몇 달 전까지만 해도 놀라운 전기궁전과 급수탑 그리고 30미터 높이의 환상적인 빛의 분수가 마르스 광장 끝에서 에펠탑과 마주하고 있었다.

전기궁전을 기획한 이들의 머릿속에서 전기의 도래는 에펠탑으로 상징되는, 혁신

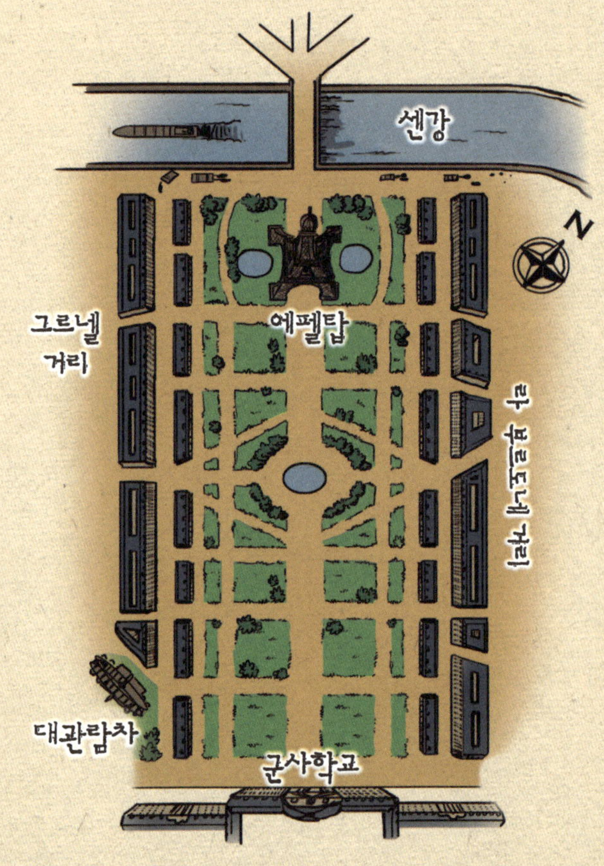

적이지만 차갑고 흉물스러운 '철의 시대'에 대한 대항이었다. 마치 전기와 철이 공존할 수 없는 것처럼.

지금 남은 만국박람회의 흔적이라곤 에펠탑에서 몇백 미터 떨어진 곳의 대관람차뿐이다. 지름 100미터의 거대한 바퀴와 40개의 곤돌라가 달린 대관람차는 여전히 그 자리를 지키

며 호기심 어린 관객들의 시선을 끌고 있지만, 대다수 시민은 그마저도 해체해야 한다고 주장한다.

테오는 박람회가 끝나면 사라지는 하루살이 건물들 사이에서 유일하게 센 강변에 우뚝 서 있는 에펠탑을 바라보며 생각했다. 저 탑은 다가올 세기에도 굳건히 남아 있을 것이다.

마르스 광장에 나타난 악당들

테오는 잰걸음으로 잔디밭을 가로질러 에펠탑 쪽으로 향했다. 그때, 멀지 않은 관목들 사이에서 낯선 무리를 발견했다. 사람들은 웅성거리며 무언가를 둘러싸고 있었고, 그들 한가운데 어두운색 양복에 실크 모자를 쓴 남자가 서 있었다. 회색 외투 자락이 바람에 스치고, 그의 손에는 에펠탑의 도면이 들려 있었다.

테오는 조심스레 그쪽으로 다가갔다. 그리고 이내 그 남자가 누구인지 알아보았다. 〈파리일보〉에 터무니없는 글을 실었던 미국인 사업가 제임스 윈더모어였다. 테오의 멘토인 구스타브 에펠의 실종이 기사화되자마자, 그는 기다렸다는 듯이 한 무리의 사람들을 이끌고 이곳에 나타난 것이다.

윈더모어는 여러 각도에서 에펠탑을 유심히 관찰하고 있었다. 그의 눈빛에는 탐욕이 번득였다. 아마도 파리 시의회가 에펠의 사업권을 철회할 것이라 확신하고, 그 틈을 타 에펠탑을 헐값에 사들여 해체하는 장면을 상상하고 있을 터였다. 테오는 속으로 이를 악물었다.

'아, 얼마나 오만한 자인가!'

그들 가까이 다가선 테오는 곧 그들의 대화에 깜짝 놀랐다. 윈더모어와 함께 온 이들은 한눈에 봐도 과학자들이었다. 모두가 진지한 표정으로 도면과 수치를 주고받고 있었고, 그 중심에서 윈더모어의 목소리가 낮지만 또렷하게 들려왔다.

"… 코일의 공명에 집중해야 합니다. … 마지막 파괴에 필요한 출력을 다시 계산해 보시기 바랍니다."

테오는 숨을 삼켰다. 금융계의 거물 윈더모어는 에펠탑의 철거를 이미 기정사실로 여기고 있었고, 해체를 넘어 '파괴'를 준비하고 있는 것이 분명했다.

더는 지체할 수 없었다. 약탈자의 손에 에펠탑이 넘어가기 전에 반드시 구스타브 에펠을 찾아야 한다.

테오는 뭔가 결심한 듯 몸을 돌려 에펠탑을 향해 달리기 시작했다. 달려가던 중 문득 고개를 들어 300미터 상공에서 자신을 굽어보는 거대한 철탑을 바라보았다. 정교하게 얽힌 강철 구조물은 여전히 찬란했다. 사람들은 그 탑을 흉물스러운 공장 굴뚝이라 비난했지만, 테오에게 에펠탑은 과학과 건축, 그리고 기술이 빚어낸 완벽한 예술이었다.

에펠이 자신의 가장 기념비적인 작품이라 할 수 있는 파리의 철탑에 1789년 이후 프랑스가 낳은 가장 위대한 과학자 72명의 이름을 새겨넣은 것은 그리 놀라운 일이 아니다. 그는 이 탑을 인간의 이성과 과학 정신을 기리는 기념비로 삼고자 했다. 1889년, 에펠탑이 완공되었을 때 에펠은 누구의 동의도 구하지 않은 채, 홀로 결정을 내렸다. 탑의 2층 사면을 따라 '과학의 팡테옹'을 세우기로 한 것이다.

테오가 달려온 라 부르도네 거리 쪽 탑의 표면에는 다음과 같은 순서로 과학자들의 이름이 새겨져 있었다.

마리 프랑수아 그자비에 비샤(1771~1802)
프랑스 의사, 해부학자

PETIET, DAGUERRE, WURTZ,
LEVERRIER, PERDONNET, DELAMBRE,
MALUS, BREGUET, POLONCEAU, DUMAS,
CLAPEYRON, BARDA, FOURIER, BICHAT,
SAUVAGE, PELOUZE, CARNOT, LAMÉ.

　센강 쪽에는 다음과 같은 위대한 과학자들의 이름이 새겨져 있다.

SÉGUIN, LALANDE, TRESCA, PONCELET,
BRESSE, LAGRANGE, BÉLANGER, CUVIER,
LAPLACE, DULONG, CHASLES, LAVOISIER,
AMPÈRE, CHEVREUL, FLACHAT, NAVIER,
LEGENDRE, CHAPTAL.

　그르넬 거리 쪽에는 다음과 같은 위대한 과학자들의 이름이 새겨져 있다.

JAMIN, GAY-LUSSAC, FIZEAU, SCHNEIDER,
LE CHATELIER, BERTHIER, BARRAL,
DE DION, GOÜIN, JOUSSELIN, BROCA,
BECQUEREL, CORIOLIS, CAIL, TRIGER,
CHIFFARD, PERRIER, STURM.

　군사학교 방향으로는 다음과 같은 이름이 새겨져 있다.

CAUCHY, BELGRAND, REGNAULT,
FRESNEL, DE PRONY, VICAT, EBELMEN,
COULOMB, POINSOT, FOUCAULT,
DELAUNAY, MORIN, HAUY, COMBES,
THÉNARD, ARAGO, POISSON, MONGE.

앙리 베크렐(1852~1908)
프랑스 물리학자

　에펠은 틈만 나면 테오에게 말하곤 했다. 탑에 이름이 새겨진 과학자들 덕분에, 모두가 불가능하다고 생각한 에펠탑을 2년 2개월이라는 짧은 기간 내에 건축할 수 있었다고 말이다.

테오는 에펠탑에 도착하자마자 곧장 엘리베이터 쪽으로 향했다. 엘리베이터는 단 몇 분 만에 2층에 도착했다. 수없이 오르내린 길이라 이제는 눈을 감고도 꼭대기까지 갈 수 있을 것만 같았다.

3층의 연구소로 가기 위해 그는 세계에서 유일한 수력기관으로 작동하는 정교한 2층 승강기에 올랐다. 윗층의 승강기가 피스톤 압력으로 단숨에 80미터 이상 상승할 때, 아랫층의 승강기는 평행추처럼 반대 방향으로 움직였다.

중간 지점에서 테오는 바깥 인도교를 건너 다른 승강기로 옮겨탔다. 그 순간, 센강 건너편으로 한낮의 햇살이 트로카데로 광장 위로 부드럽게 쏟아지는 풍경이 눈에 들어왔다. 찰나의 아름다움에 마음이 흔들리며, 그는 잠시 아찔한 기분을 느꼈다.

드디어 에펠탑 꼭대기에 도착한 테오는 열쇠를 꺼내 100제곱미터 남짓한 연구소 문을 열고 들어갔다. 그곳은 지난 4년간 그가 에펠과 함께 연구를 하며 지낸 공간이다.

연구소 안으로 들어서는 순간, 테오는 익숙함에 마음을 놓았다. 연구소에 있는 각종 장비들은 지난 4년간 테오와 함께한 것들로, 에펠과 그를 새롭게 개척할 분야로 이끌어준 도구들이다.

전략적 관측 연구소의 성격을 띠었던 에펠의 연구소는 군사 기술 분야에서 눈에 띄는 진전을 이루어냈다. 특히 낙하율을 측정하는 일련의 실험들은 훗날 항공학 발전에 큰 밑거름이 되었고, 탑 꼭대기에 설치된 피뢰침은 전도 연구의 혁신적인 성과로 기록되었다.

테오는 실험기구들 사이를 조심스레 지나 스승 에펠의 사적이면서도 가장 비밀스러운 공간으로 발걸음을 옮겼다. 테오는 지금까지 한 번도 구스타브 에펠의 개인 방에 들어간 적이 없었다.

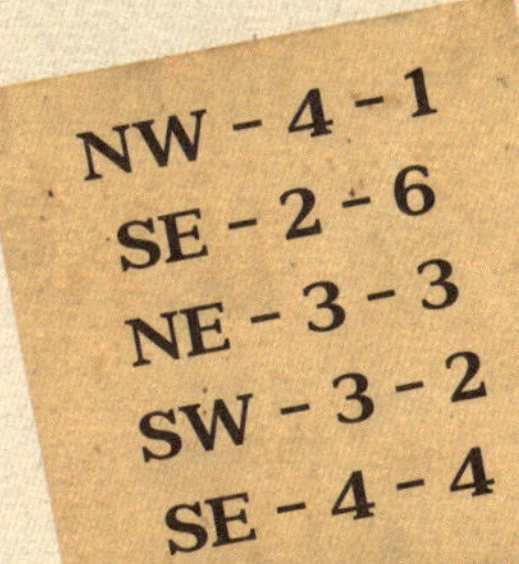

에펠 방에 채워진 자물쇠

에펠 방의 문에는 자물쇠가 채워져 있었다. 다섯 개의 알파벳을 정확히 맞춰야만 열 수 있는 정교한 구조였다. 한 번도 에펠의 사적인 공간에 들어간 적이 없는 테오가 자물쇠의 키워드를 짐작하기란 불가능에 가까웠다. 그러나 포기할 수는 없었다.

이리저리 주위를 살피던 테오는 문 옆 작업대 위에 흩어져 있는 도면과 지도 사이에서 이상한 글귀가 적힌 종이 조각을 발견한다. 혹시 종이에 적힌 글귀가 자물쇠를 열 키워드와 관련이 있는 걸까?

```
NW - 4 - 1
SE - 2 - 6
NE - 3 - 3
SW - 3 - 2
SE - 4 - 4
```

키워드인 다섯 개의 알파벳은 무엇일까?

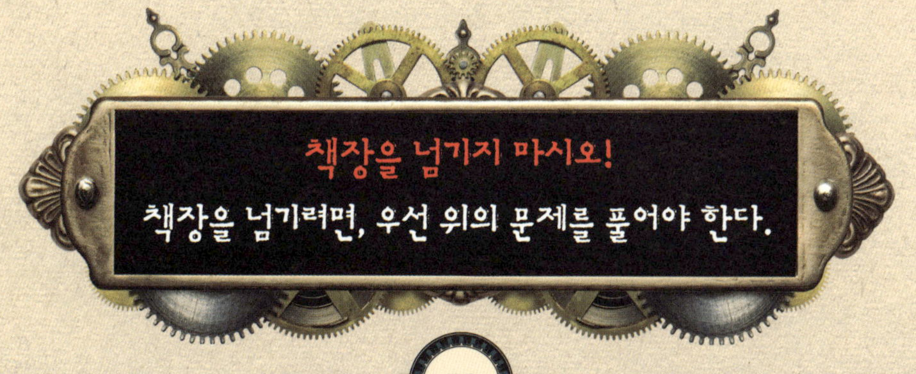

에펠의 비밀의 방

테오는 조심스럽게 자물쇠에 있는 알파벳을 돌려 키워드를 맞추었다. 정말 자물쇠가 열릴까?

테오가 마지막 알파벳을 맞추자, 분명하게 '딸칵' 소리가 들렸다. '좋았어!'

자물쇠가 열리고, 테오는 조심스럽게 에펠의 방으로 들어갔다.

6제곱미터도 되지 않은 작은 방의 사진과 기념품들로 가득한 선반들 사이로 들어가는 순간, 테오는 숨이 턱 막혔다. 벽면 가득 걸린 사진들과 빽빽이 들어찬 기념품 선반들이 좁은 공간을 더욱 비좁게 만들고 있었다. 문과 마주한 곳에는 책상이 놓여 있었고, 그 위에 어선 모양의 램프가 있었다. 책상 위에 있는 자료와 연구 보고서 더미 속에서 손 글씨로 쓴 종이가 테오의 눈에 들어왔다. 익숙한 필체였다. 테오는 그것이 에펠의 글씨임을 단숨에 알아보았다.

테오,

아주 끔찍한 일이 벌어지고 있네. 만약 나에게 불행한 일이 닥치면 나의 모든 생각을 기록해 놓은 일기장을 들춰보게.

내 일기장은 8구의 라발레 거리 1번지 내 사저의 방에 있네.

일기장에는 매일의 내 생각들이 다 적혀 있네.

내 일기장을 읽어보려면, 다음 시간을 지켜야 하네.

12시 30분 - 12시 - 12시 30분 - 14시 - 17시

행운을 비네, 테오!

구스타브 에펠

클레르
부인

구스타브 에펠의 사저

30분이 채 되지 않아, 테오는 라발레 거리와 마티뇽 거리 모퉁이에 있는 에펠의 저택에 도착했다. 에펠은 1895년 에펠탑의 인가를 받으며 재정적 안정을 찾게 되자, 그 건물을 매입했다.

테오는 앞뜰을 지나 곧바로 현관으로 가 유리창에 달린 종을 당겼다. 10초쯤 지났을까, 집사인 아쉬발드가 나타났다. 최근 몇 달 동안 테오는 에펠과의 연구에 몰두하며 여러 차례 이곳을 찾았기에, 그와는 이미 안면이 있었다. 아쉬발드는 말없이 고개를 끄덕이더니 테오를 이층으로 안내했다.

웅장한 대리석 계단을 천천히 올라, 그는 묵직한 떡갈나무 문 앞에서 멈췄다. 문을 조용히 열어준 뒤, 집사는 아무 말 없이 고개를 숙이고 자리를 물러났다.

집사 아쉬발드

클레르 부인과의 만남

테오가 방 안으로 들어서자, 자줏빛 드레스를 입은 40대 무렵의 우아한 부인이 다가와 악수를 청했다. 테오는 자신을 소개했다.

"안녕하십니까, 클레르 부인. 저를 기억하실지 모르겠지만, 에펠 선생님이 주최한 파티에서 몇 번 인사드린 적이 있습니다. 저는 테오도르 보트르넬이며, 4년 전부터 선생님의 조수로 연구소에서 일하고 있습니다."

클레르 부인은 미소를 지으며 손을 맞잡았다.

"테오도르, 물론 기억하고 말고요! 곧바로 알아보지 못해서 미

구스타브 에펠의 딸,
클레르 부인

안해요. 제대로 대화를 나눈 적은 없지만, 아버지께서 당신에 대해 자주 말씀하셨어요. 훌륭한 과학자라고, 아주 큰 기대를 걸고 계신다고요."

그 말에 테오의 가슴이 벅차올랐지만, 대답할 틈도 없이 부인이 재촉하듯 물었다.

"아버지 실종과 관련된 새로운 소식이 있나요? 경찰이 단서를 찾았나요? 당신이 뭔가 알아낸 게 있나요?"

테오는 잠시 숨을 고르며 조심스럽게 답했다.

"죄송합니다. 신문 보도에 따르면, 경찰 수사는 아직 아무런 진전이 없는 듯합니다. 하지만 에펠 선생님의 연구소 개인 방에서 쓸 만한 단서를 발견한 것 같습니다. 선생님께서 제 앞으로 남기신 편지에 자신의 일기장에 실종과 관련된 단서를 기록해 두었다고 적혀 있었습니다. 그 일기장은 분명 이 집 어딘가에 있을 겁니다."

클레르 부인은 잠시 생각에 잠긴 듯 고개를 끄덕였다.

"사실이에요. 아버지는 매일 밤, 당신과 함께한 연구 내용과 그날의 기분을 공책에 적으셨죠. 하지만 그 일기장을 어디에 두셨는지는 저도 몰라요. 일단 저와 아버지의 사무공간으로 가시죠. 제 생각에 당신이라면 그 일기장을 찾아낼 수 있을 것 같아요."

여러 양식이 뒤섞인 저택

테오는 클레르 부인을 따라 미로처럼 얽힌 복도를 걸었다. 그들은 화려한 가구들로 가득한 방들을 지나갔다. 복도와 방 곳곳에는 대리석 기둥과 페르시안 양탄자, 금박이 입혀진 바로크 거울, 고대 중국의 도자기 화병 등 각종 예술품과 장식품이 어지럽게 섞여 있었다. 부유한 예술가의 저택이라기보다, 시대의 영광을 증언하는 박물관에 가까운 공간이었다. 잠시 후, 두 사람은 넓은 연회실을 지나쳤다. 작년 말, 에펠은 이곳에서 성대한 생일 파티를 열었다. 테오도 그 자리에 초대받는 영광을 누렸다. 오페라 가수와 코미디 프랑세즈의 단원들, 사업가와 학자들 그리고 현 정부의 장관들까지 그날의 연회장은 파리 사회의 유명 인사들로 가득했다.

건물의 북쪽 날개관을 돌아서자, 클레르 부인이 에펠의 서재로 통하는 이중문을 조심스레 열었다. 묵직한 떡갈나무 책상이 방 한쪽을 가득 채우고 있었다. 그 책상은 커다란 창문과 위압적인 대리석 벽난로 사이, 정확히 방의 중심축에 놓여 있었다.

그때 테오의 시선이 책상 위로 옮겨갔다. 거기에는 오래된 괘종시계가 놓여 있었다. 순간, 파리탑 꼭대기 연구소에서 발견한 종잇조각의 문구가 머릿속을 스쳤다.
'…다음 시간들을 지켜야 하네.'
에펠이 남긴 그 메모의 의미가 서서히 윤곽을 드러내기 시작했다.

괘종시계의 내부

테오는 숨을 죽인 채 괘종시계의 덮개를 조심스럽게 열었다. 정교하게 맞물린 톱니바퀴와 도르래, 그리고 미세한 톱니 궤도들이 복잡하게 얽혀 있었다. 그중에서도 그의 눈을 사로잡은 것은 궤도 위에 새겨진 알파벳들이었다.

테오는 즉시 직감했다. 이 시계는 단순한 시간 장치가 아니었다. 에펠이 남긴 마지막 암호, 자물쇠의 키워드를 찾을 수 있는 단서가 바로 여기에 숨어 있었다.

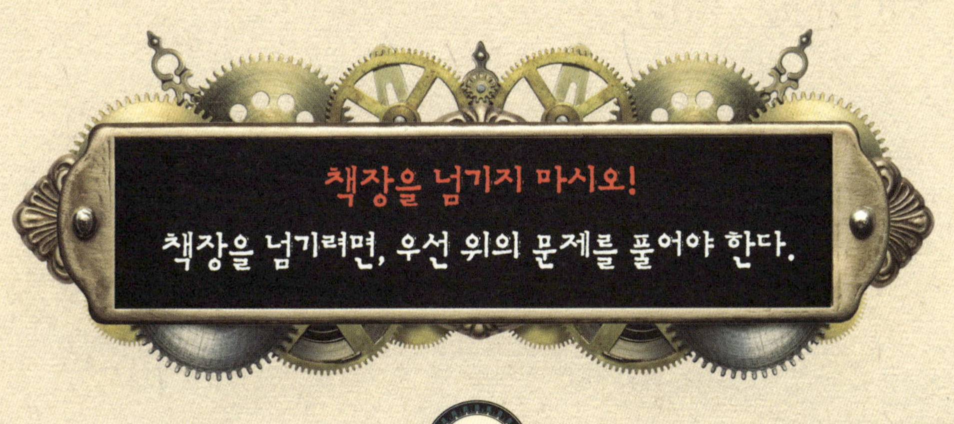

괘종시계 내부의 기계장치를 보고

에펠이 적어놓은 시간 순서대로 움직이면서

키워드를 찾아라!

책장을 넘기지 마시오!
책장을 넘기려면, 우선 위의 문제를 풀어야 한다.

에펠이 남긴 메모에 적힌 시간대로 시계 바늘을 하나씩 맞추자, 바늘 끝이 가리키는 글자들이 차례로 드러났다. B - A - B - E - L.

마지막 글자에 바늘이 닿는 순간 '끼익' 하는 금속음과 함께 책상 앞부분이 천천히 미끄러지듯 내려갔고, 숨겨진 비밀 공간이 모습을 드러냈다. 그 안에는 좁은 선반이 있었고, 그 위에 가죽 표지의 일기장이 놓여 있었다. 테오는 에펠의 꼼꼼한 글씨체를 금세 알아보고 재빨리 일기장을 펼쳤다.

일기장은 역사적 건축자료이자 모든 엔지니어와 과학자들을 위한 성서나 다름없었다. 가라비 고가교, 니스 천문대, 자유여신상 골조… 물론 에펠탑까지! 에펠이 만든 작품들의 크로키와 설계들이 모두 기록되어 있었다.

1904. 4. 10.

오늘 아침 6시 무렵, 에펠탑 꼭대기에 도착한 나는 어떤 남자가 연구소의 출입문을 강제로 열려는 모습을 보고 깜짝 놀랐다. 내 존재를 눈치챈 괴한은 곧장 나에게 달려들어 나를 바닥에 넘어뜨리고, 온몸으로 눌러 움직이지 못하게 했다. 다행히 손에 들고 있던 지팡이로 그의 어깨를 세게 내리쳐 밀쳐낼 수 있었다. 침입자는 잽싸게 몸을 돌려 계단을 뛰어 내려갔다. 내가 뒤따라 아래층까지 내려갔을 때, 그는 이미 차에 올라탄 뒤였다. 겨우 침입자가 탄 차의 번호 502를 확인해 기록해 두었다. 내일 6구에 있는 소형차 회사로 가서 조사를 해봐야겠다. 어쩌면 운전사를 통해 괴한이 어디에서 내렸는지 알아낼 수 있을지도 모른다.

나는 서둘러 다시 탑 위로 올라가 문의 손잡이에 남은 흔적에 화약 가루를 살짝 묻혀 또렷한 지문을 확보했다. 10구 경찰서의 조력자인 그레그와르 봉퍼스에게 부탁해, 그 지문을 보관 기록들과 대조해 봐야겠다. 그는 뛰어난 경찰관이자 신뢰할 수 있는 인물이다. 분명 나를 도와줄 것이다.
그리고 가까운 시일 내에, 몇 주 전 사교계 만찬에서 만난 기자 피에르 르블롱을 만나야겠다. 그는 자신이 2구의 〈파리가제트〉에서 범죄 사건을 전문으로 다루는 기자라고 소개했다. 혹시 그가 단서가 될 만한 정보를 가지고 있을지도 모른다. 르블롱 기자가 조사에 착수할 수 있도록 당장 메시지를 보내야겠다.

사실, 몇 주 전부터 좋지 않은 예감이 있었다. 파리 어딘가에서 매우 위험한 음모가 꾸며지고 있는 듯한 느낌이었는데, 이제 확신이 섰다. 누군가 나에게 원한을 품고, 내 일들을 노리고 있다.

이제 당신은 2구, 10구, 11구에 갈 수 있다. 순서는 상관없지만, 세 곳에 모두 가야 한다. 지도의 해당하는 구 옆 동그라미에 숫자를 적어 표시한다. 다른 구에는 접근할 수 없다.

제 9 구

은밀한 사교계

"죄송합니다, 손님. 이곳은 전적으로 회원들만 출입할 수 있습니다."

정중하지만 단호한 목소리였다. 회원이 아니라면 어떤 이유로도 문을 열어줄 수 없다는 태도였다.

테오는 윌리엄 호너가 출입한다는 영어권 사교 클럽 '유니언 클럽'의 입구에서 문을 지키고 있는 집사를 설득하려 애썼다.

"에펠 선생님의 메시지를 미국 대사인 윌리엄 호너 선생에게 전하러 왔습니다. 여기, 에펠 선생님의 명함이 있습니다. 보시다시피, 대사님께 드릴 메시지가 직접 적혀 있습니다. 제발 잠시만이라도 대사님을 뵐 수 있게 해주십시오. 부탁드립니다."

유니언 클럽의 집사

집사는 명함을 앞뒤로 유심히 살펴보며 잠시 뜸을 들였다.

"이곳에서 잠시 기다려주십시오."

'쾅' 하는 소리와 함께 문이 닫혔다.

테오는 카푸신 거리의 석양빛 거리에서 얌전히 기다렸다. 조금은 선선한 4월의 저녁 공기가 뺨을 스쳤고, 거리를 오가는 사람들의 웃음소리가 들려왔다. 팔짱을 낀 연인들은 근처의 화려한 식당으로 향했고, 누군가는 공연이나 연극을 보기 위해 발걸음을 재촉하고 있었다.

잠시 후, 클럽의 묵직한 문이 다시 열렸다. 집사가 문가에 서서 고개를 숙였다.

"저를 따라오시죠."

은밀한 사교 클럽, 유니언

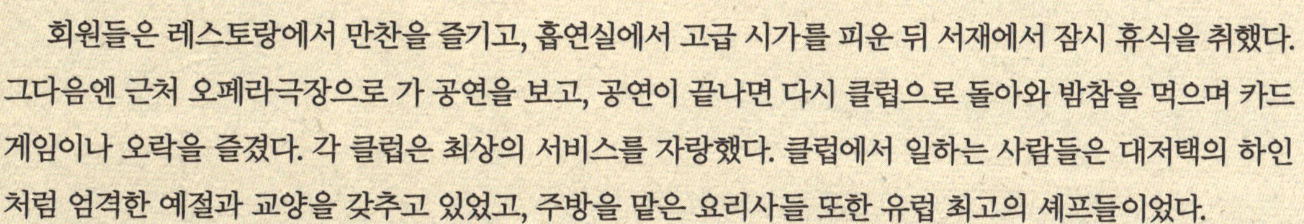

집사는 무표정한 얼굴로 유니언 클럽의 두꺼운 문을 열고 테오를 안으로 안내했다.

테오의 기억에, 파리에는 유니언 클럽처럼 명성이 높은 사교 클럽과 귀족 클럽이 다섯, 여섯 곳 정도 있었다. 이들 클럽은 대부분 9구, 오페라 극장과 팔레 루아얄 그리고 그랑 블루바르 인근에 자리 잡고 있었다. 런던의 클럽 문화를 본뜬 만큼 철저히 폐쇄적이었고, 대체로 새벽 1시까지 문을 열었지만 어떤 곳은 24시간 내내 운영되기도 했다.

회원들은 레스토랑에서 만찬을 즐기고, 흡연실에서 고급 시가를 피운 뒤 서재에서 잠시 휴식을 취했다. 그다음엔 근처 오페라극장으로 가 공연을 보고, 공연이 끝나면 다시 클럽으로 돌아와 밤참을 먹으며 카드 게임이나 오락을 즐겼다. 각 클럽은 최상의 서비스를 자랑했다. 클럽에서 일하는 사람들은 대저택의 하인처럼 엄격한 예절과 교양을 갖추고 있었고, 주방을 맡은 요리사들 또한 유럽 최고의 셰프들이었다.

이런 회원제 클럽의 가입은 오직 기존 회원의 추천과 선거로만 이루어졌다. 유니언 클럽의 회원 수는 수백 명에 달했으며, 대부분이 외국인이었다. 또 각국의 대사, 장관, 이름난 사업가들이 대거 포함되어 있었는데, 예외 없이 모두 남자였다. 이곳에서 일하는 직원들은 대를 이어 근무하며, 영국 특유의 침착함과 위엄으로 손님을 맞이했다.

윌리엄 호너와의 만남

집사는 초대한 손님들이 머무는 여러 개의 작은 거실 중 한 곳으로 테오를 안내했다. 그 방은 밝고 세련되었으며, 동시에 화려함이 느껴졌다. 섬세한 무늬의 벽지와 붉은 인조가죽 소파가 공간에 따뜻한 온기를 더하고 있었다. 모퉁이의 벽난로는 방 안을 포근하게 감쌌다.

테오는 집사가 권한 자리에 앉아 주변을 살폈다. 이곳의 손님들은 서로 격식 없이 이야기를 나누고 있었고, 정치나 경제 같은 주제도 가감 없이 오갔다. 웃음소리와 낮은 담배 연기가 뒤섞인 공기 속에서, 클럽 특유의 여유로운 분위기가 느껴졌다.

잠시 후, 흰수염을 가지런히 다듬고 검은 연미복을 차려입은 60대 남자가 테오 쪽으로 다가왔다. 그가 바로 미국 대사, 윌리엄 호너였다. 테오가 자리에서 일어서려 하자, 호너는 손짓으로 제지했다.

"그럴 필요 없네. 자, 어서 용건을 말하게. 지금 옆방에서 바카라가 나를 기다리고 있거든."

그의 말투는 거칠었지만, 눈빛만큼은 예리하게 테오를 꿰뚫고 있었다.

망설이는 윌리엄 호너

윌리엄 호너는 약간의 독특한 억양이 섞인 프랑스어를 유창하게 구사했다.

"에펠 선생님의 부탁을 받고 왔습니다. 미국 사업가 제임스 윈더모어에 관한 정보를 얻고자 합니다."

"물론이지. 제임스 윈더모어라면 잘 알고 있네. 그런데 왜 내 동향 사람의 정보를 알고 싶다는 거지?"

"상황이 꽤 민감합니다, 대사님. 에펠 선생님께서는 윈더모어가 파리를 위협할 수 있는 아주 위험한 음모를 꾸미고 있다고 강하게 의심하고 계십니다."

미국 대사 윌리엄 호너

호너의 얼굴이 굳어졌다.

"이보게, 젊은이! 자네가 말하는 그 사람은 이 클럽의 회원이야. 나 역시 윈더모어를 그다지 높이 평가하진 않지만, 이런 식의 모욕은 용납할 수 없네. 알프레드가 자네를 현관으로 안내해 줄 걸세. 나는 하인즈 경이 낸 수수께끼를 풀어야 하거든. 내기 금액이 100달러나 되네."

집사가 다가와 테오의 팔을 가볍게 붙잡았다. 그 순간, 테오는 재빨리 입을 열었다.

"대사님, 지금 대사님 앞에는 수수께끼의 대가가 서 있습니다. 제게 단 5분만 주신다면, 하인즈 경이 낸 문제를 대신 풀어드리겠습니다. 제가 맞히면 대사님은 내기에서 이겨 100달러를 벌게 되겠지요. 그리고 그 대가로 잠시만 대사님과 이야기를 나눌 수 있다면 충분합니다."

호너는 걸음을 멈추고 테오를 한동안 말없이 바라보았다.

잠시 후, 그는 미소를 머금으며 주머니에서 카드를 꺼냈다.

"흥미롭군, 젊은이. 어쨌거나 내가 잃을 건 없지. 좋아, 자네에게 5분을 주겠네. 그 문제를 풀어내면, 윈더모어에 관해 내가 아는 모든 걸 말해주지."

하인즈 경의 수수께끼

윌리엄 호너는 탁자 위에 에이스 카드들을 죽 늘어놓더니, 4장의 카드를 먼저 배치했다.

"자, 이것이 풀어야 할 문제일세. 총 16장의 카드를 이용해 가로와 세로, 그리고 대각선으로 각각 네 줄을 만들어야 하네. 단, 이미 놓인 네 장의 에이스 카드는 어떤 경우에도 움직여서는 안 되지. 그리고 조건은 단 하나. 같은 행, 같은 열, 그리고 대각선 어디에서도 같은 무늬의 카드가 겹치면 안 된다는 것이네. 도저히 불가능해 보이는데, 자네는 풀 수 있겠나?"

테오는 카드들을 바라보았다. 머릿속에서 카드 배열과 규칙이 빠르게 움직였다. 순간, 카드들이 놓여야 할 정확한 위치가 떠올랐다. 그가 물음표가 표시된 자리에 카드를 내려놓자, 그 카드에 새겨진 글자들이 눈에 들어왔다. 그 글자들을 차례로 조합하자 테오의 머릿속에 하나의 단어가 또렷하게 떠올랐다.

하인즈 경의 문제를 풀어 나온 단어는 무엇인가?

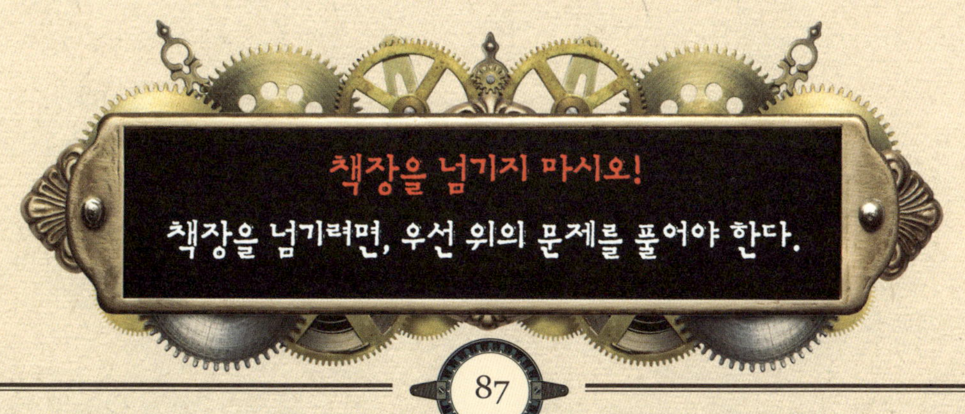

적절한 보상

"훌륭해! 나는 이 문제로 30분을 씨름했는데, 자네는 단 몇 분만에 답을 찾는군. 대단하네, 젊은이! 당장 하인즈 경에게 100달러를 받아야겠군."

말이 끝나자마자 호너 대사는 자리에서 벌떡 일어났다. 아무래도 호너는 테오와 한 약속을 잊은 것 같았다. 테오는 급히 그의 앞을 막아섰다.

"대사님! 저와 약속하신 것이 있으시죠. 대사님은 이 클럽에서 명망 높으신 분으로 알고 있습니다. 그 명예를 걸고, 제임스 윈더모어에 대해 아는 모든 것을 말씀해 주십시오. 부탁드립니다."

마법사에 관한 비밀

호너는 잠시 망설이더니, 되돌아와 테오 옆에 앉았다. 대사는 테오의 귀에 대고 제임스 윈더모어에 관한 정보를 나지막하게 알려주었다.

제임스 윈더모어는 누구인가?

"그는 지금 오십 대 초반일 걸세. 미국의 부유한 은행가 집안에서 태어난 외아들이지. 로드아일랜드주 뉴포트가 고향이고, 젊은 시절엔 스위스에서 공부했어. 모국어인 영어는 물론, 독일어, 프랑스어, 이탈리아어까지 유창하지. 제임스 본인 말로는, 청소년 때부터 과학과 예술 그리고 유럽 문화에 깊이 매료되었다고 하더군. 스무 살에 미국으로 돌아간 그는 다른 신흥 부호들처럼 무기 거래로 막대한 부를 쌓았네. 군에서 불량 판정을 받은 총기들을 헐값에 사들여 대충 손을 보고, 그것들을 소련이나 연합군에 터무니없이 비싼 값으로 되팔았지. 그렇게 그는 단숨에 거대한 재산을 쌓았어. 몇 년 전부터는 파리에 머물고 있네. 미국에서 떨어져 지내면서도 제철업과 강철 관련 사업에 손을 대, 여전히 돈을 긁어모으고 있지. 이 클럽에도 정기적으로 나타나네. 언제나 잘 차려입고, 사람들 앞에서 몇 가지 마술 같은 장난을 부리며 모두를 놀라게 하지. 그는 그런 반응을 즐기거든. 마치 세상 전체가 자신을 무대 위의 주인공으로 바라보길 바라는 사람이야."

"자네에게 말했다시피, 난 윈더모어에게 눈곱만큼의 애정도 없네. 교활하고 권력에 눈이 먼 자거든. 자신의 목표를 위해서라면 어떤 희생도 치를 준비가 된 사람이야. 이게 내가 아는 윈더모어의 전부일세. 이 외에 더 무슨 이야기를 해야 할지 모르겠군."

"혹시 제임스 윈더모어가 어디에 사는지 알려주실 수 있습니까?"

"아, 잠깐만. 나한테 그의 집 주소가 있을 거야."

윌리엄 호너는 주머니에서 작은 검은색 수첩을 꺼내들더니, 손가락으로 페이지를 넘겼다.

"여기 있군. 16구 볼로뉴숲 거리(지금의 포 거리) 40번지. 그의 회사 델타도 그의 집에서 멀지 않아. 내 기억이 맞다면 17구 마크-마웅대로 29번지일 거야."

그는 고개를 끄덕이며 수첩을 덮었다.

"이제 모든 얘기는 끝난 것 같네. 자네가 알려준 답을 까먹기 전에 얼른 하인즈 경에 가서 100달러를 받아야겠군."

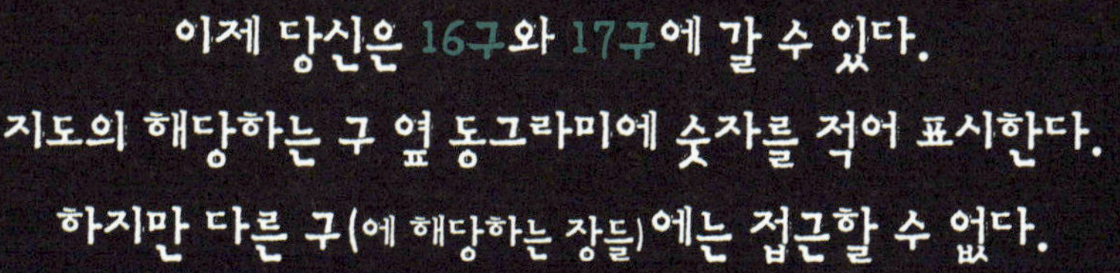

제 10 구
경찰서에서
마주한 문제
POSTE DE POL

본 누벨로

구스타브 에펠의 일기장에 적힌 대로, 테오는 10구 경찰서가 있는 본 누벨로로 향했다. 머릿속에는 단 하나의 생각만이 맴돌았다. 에펠의 친구, 그레그와르 봉피스 경찰관을 반드시 만나야 한다는 것이다.

본 누벨로 거리는 언제나 활기로 넘쳤다. 파리 시민들이 자부심을 느끼는 극장과 공연장, 카페들이 즐비하게 늘어서 있었고, 그 사이를 오가는 사람들의 웃음소리와 음악 소리가 거리를 가득 메웠다. 하지만 그 활기는 동시에 위험의 또 다른 얼굴을 숨기고 있었다. 이곳은 파리에서도 소매치기가 가장 많기로 악명 높은 구역이었다. 화려한 조명 아래, 교묘한 손놀림으로 귀중품을 훔치는 자들이 거리 곳곳을 활보했다. 그렇기에 로슈슈와르 거리를 따라 이어진 길 끝, 이 번화가의 중심에 경찰서가 들어선 것은 어쩌면 당연한 일이었다.

완벽한 타이밍

테오는 경찰서로 향하는 인도를 걷다, 막 출입문을 나서던 제복 입은 경찰과 부딪칠 뻔했다.

"죄송합니다! 저는 그레그와르 봉피스 경찰관을 만나러 왔습니다. 에펠 선생의 조수, 테오도르 보트르넬이라고 합니다. 선생님의 심부름으로 왔습니다."

경찰은 잠시 테오를 살피더니, 뜻밖에도 미소를 지었다.

"운이 좋으시군요. 제가 바로 봉피스입니다. 하지만… 에펠의 제자라면 선생님이 벌써 나흘째 실종 상태라는 사실을 모를 리 없을 텐데요?"

"바로 그 일 때문에 왔습니다, 봉피스 경감님! 실종 전날 밤, 에펠 선생님은 에펠탑 3층 연구소에서 괴한의 습격을 받았습니다. 다행히 지팡이로 그를 물리쳐 도망치게 했지만, 그게 선생님을 납치하려는 첫 번째 시도였을지도 모릅니다."

테오는 가슴 안쪽 주머니에서 작은 봉투를 꺼냈다.

"그날, 선생님이 괴한의 지문을 문손잡이에서 채취하셨습니다. 그리고 그 지문을 제게 맡기셨죠. 여기 있습니다. 선생님께서 이걸 당신에게 전하라고 하셨습니다."

그레그와르 봉피스
경찰관

알퐁스 베르티옹의 연구

과학수사의 아버지,
알퐁스 베르티옹

"왜 시테섬의 블롱도 서장을 직접 찾아가지 않고 이곳으로 오셨습니까? 에펠의 실종 사건은 블롱도 서장이 직접 맡고 있습니다."

"그건 에펠 선생님이 당신을 신뢰하기 때문입니다. 선생님은 일기에, 자신이 채취한 지문을 당신이 보관 중인 기록물과 비교해 달라고 남기셨습니다. 사실 저는 경찰이 그런 범죄자 기록을 따로 가지고 있는지도 몰랐습니다."

"그럼, 당신은 알퐁스 베르티옹의 연구에 대해 들어본 적이 없단 말이군요. 베르티옹은 인체 측정기법의 창안자이자, 현대 범죄수사학의 아버지라 불리는 인물입니다. 그의 연구 덕분에 우리는 범죄자를 얼굴과 신체 비율로 식별할 수 있게 되었죠. 물론 지문 대조도 그 연장선에 있습니다. 저를 따라오십시오. 제가 직접 보여드리겠습니다."

봉피스는 무표정한 얼굴로 문을 밀고 안으로 들어갔다. 본 누벨로 경찰서는 생각보다 규모가 아담했다. 건물 안은 두 개의 공간으로 나뉘어 있었는데, 주 사무실에는 경찰관 네 명이 사용할 수 있는 책상들이 가지런히 놓여 있었다. 나머지 한 공간은 부속실로, 구석 한쪽을 막아 만든 작은 밀실처럼 보였다. 그곳은 경찰관들의 탈의실이자 휴게실로 쓰이고 있었다.

사무실에서는 경찰관 한 명이 부지런히 캐비닛에 문서들을 정리하고 있었고, 부속실에서는 두 명의 경찰관이 낡은 나무 탁자에 마주 앉아 커피를 마시며 담소를 나누고 있었다.

뛰어난 팀

"10구 경찰서를 소개하겠습니다. 보시다시피, 우리 경찰서에 근무하는 경찰은 단 네 명뿐입니다. 혹시 경찰 계급 체계에 대해 알고 있습니까? 가장 높은 계급은 경위, 그 아래가 경사, 그다음이 경장, 마지막이 순경입니다. 이곳 경찰서에서 근무하는 네 사람은 모두 한 계급씩 차이가 나지요.

10구 경찰서는 저기 캐비닛 옆에서 서류를 정리하고 있는 그로냐르 경위가 지휘를 맡고 있습니다. 아, 미처 이야기하지 못했는데 저는 봉피스 경장입니다. 그리고 나머지 두 사람은 브레갱과 르르와입니다.

자, 이제 알퐁스 베르티옹의 연구 기법인 '베르티오나주'에 대해 설명해 드리죠."

베르티오나주

봉피스 경장은 테오를 안내하며, 한쪽 벽을 가리켰다. 그곳에는 악명 높은 범죄자들의 정보가 빼곡히 적힌 카드와 사진들이 정갈하게 정리되어 있었다.

"약 20년 전, 알퐁스 베르티옹이 사람의 신체를 세밀하게 기록한 색인카드를 작성할 수 있는 혁신적인 인체 측정 시스템을 고안했습니다. 덕분에 경찰은 재범자들을 분류하고, 신속하게 체포할 수 있게 되었지요. 이전에는 이름이나 얼굴만으로는 식별이 어려웠지만, 이제는 달라졌습니다."

경찰서의 범죄자 신분 확인 절차

봉피스는 벽에 걸린 카드 중 하나를 집어 들며 설명을 이어갔다.

"체포된 범죄자들의 사진을 정면과 측면에서 촬영하는 것은 기본입니다. 하지만 그것으로 끝나지 않습니다. 코와 귀의 모양, 눈의 색깔, 손과 발의 정확한 치수, 지문, 그리고 흉터나 문신, 사마귀, 점처럼 신체의 모든 특이사항까지 꼼꼼히 기록하지요. 우리는 이 방대한 기록 체계를 '베르티옹 기법', 혹은 '베르티오나주'라고 부릅니다."

"조금이라도 에펠의 실종과 관련이 있을 것 같은 범죄자 네 명의 자료를 막 따로 분류해 놓은 참이었습니다. 오늘 중으로 경찰청의 블롱도 서장에게 보낼 예정이지요. 자료는 제 책상 위에 있습니다. 혹시 보고 싶으신가요?"

"물론입니다. 감사합니다. 그런데 경관님의 책상은 어느 쪽입니까?"

그 말을 들은 봉피스가 야릇한 미소를 지었다.

"잘 모르시겠지만, 예전에 에펠 선생님께서 당신에 대해 말씀하신 적이 있습니다. 선생님은 당신이 지식이 풍부하고 추리력이 뛰어나다며 크게 칭찬하셨죠. 혹시 압니까, 언젠가 당신이 훌륭한 경찰이 될지도 모르죠. 그래서 제안하는데, 제 책상이 어느 것인지 직접 찾아보시겠습니까?"

봉피스 경찰의 문제

"말씀드린 대로, 이 방에는 우리 경찰서에 근무하는 네 명의 경찰관이 각각 사용하는 책상이 있습니다. 경찰관들은 각 직급의 문장에 해당하는 동물 마스코트를 가지고 있습니다. 작은 인형 형태로 된 마스코트가 책상마다 하나씩 놓여 있지요. 보시다시피 개, 호랑이, 토끼 그리고 원숭이입니다.

테오르드, 이제 당신이 경찰관들의 계급과 마스코트를 추리해 볼 차례군요. 다음의 네 가지 단서를 드리겠습니다.

1. 그로냐르 경위는 토끼 마스코트를 가지고 있습니다.

2. 르르와는 경사거나, 아니면 호랑이 마스코트를 가진 사람입니다.

3. 원숭이 마스코트를 가진 경찰은 개 인형을 가진 경찰보다 2단계 높은 계급입니다.

4. 호랑이 마스코트를 가진 경찰은 브레갱보다 정확히 한 계급 위입니다.

어떤 동물이 그레그와르 봉피스의 마스코트일까요?

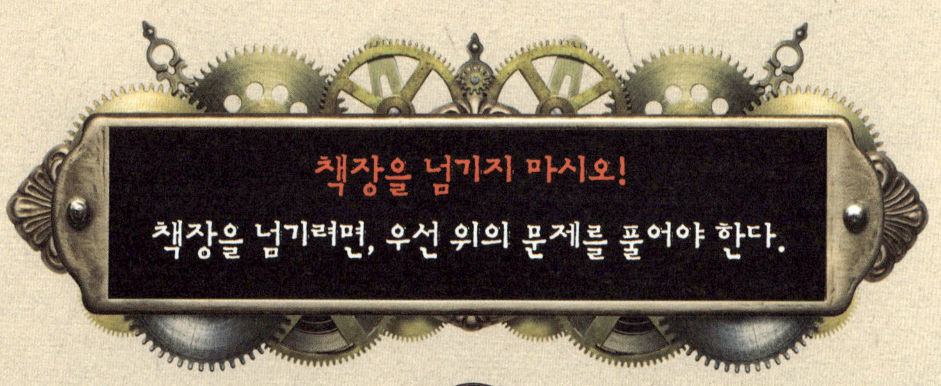

인체 측정 색인카드

테오는 봉피스 경찰의 마스코트가 호랑이인 것을 알아냈다. 봉피스의 책상에는 네 장의 인체 측정 색인카드가 놓여 있었다. 각 카드에는 사진과 함께 범죄자들의 특징들이 기록되어 있었다.

"시간을 드릴 테니 살펴보십시오. 미리 말씀드리지만, 이 자들의 주소는 하나도 알려진 것이 없습니다. 만약 알았다면, 진작에 우리 경찰들이 이 자들을 잡으러 출동했을 것입니다."

이름   라울 티글(Raoul Thigl)
주소   불명
생년월일   1887년 1월 10일
키   1m 80cm
팔 벌린 길이   1m 91cm
상반신   95cm
머리   진한 갈색
눈   갈색
특징   왼쪽 팔에 문신 '무정부주의 만세'
작성일자   1902년 6월 15일
작성자   로미에 경관

이름   빅토르 로저(Victor Roger)
주소   불명
생년월일   1885년 7월 9일
키   1m 78cm
팔 벌린 길이   1m 84cm
상반신   90cm
머리   갈색
눈   파란색
특징   오른쪽 팔에 문신 '암소에게 죽음을'
작성일자   1901년 3월 1일
작성자   빅토르 경관

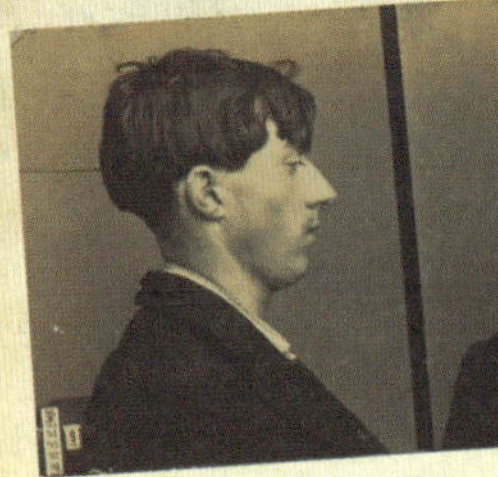

이름   이시도르 타블(Isidore T
주소   불명
생년월일   1885년 10월 12일
키   1m 78cm
팔 벌린 길이   1m 84cm
상반신   92cm
머리   갈색
눈   초록색
특징   오른쪽 광대뼈에 흉터
작성일자   1901년 7월 13일
작성자   로미에 경관

이름   아나톨 발도(Anatole Baldo)
주소   불명
생년월일   1886년 7월 9일
키   1m 80cm
팔 벌린 길이   1m 84cm
상반신   93cm
머리   검은색
눈   파란색
특징   없음
작성일자   1903년 3월 25일
작성자   빅토르 경관

10구에서 얻은 새로운 정보로 다른 구로 이동할 수는 없지만, 정보를 잘 기억하기 바란다.

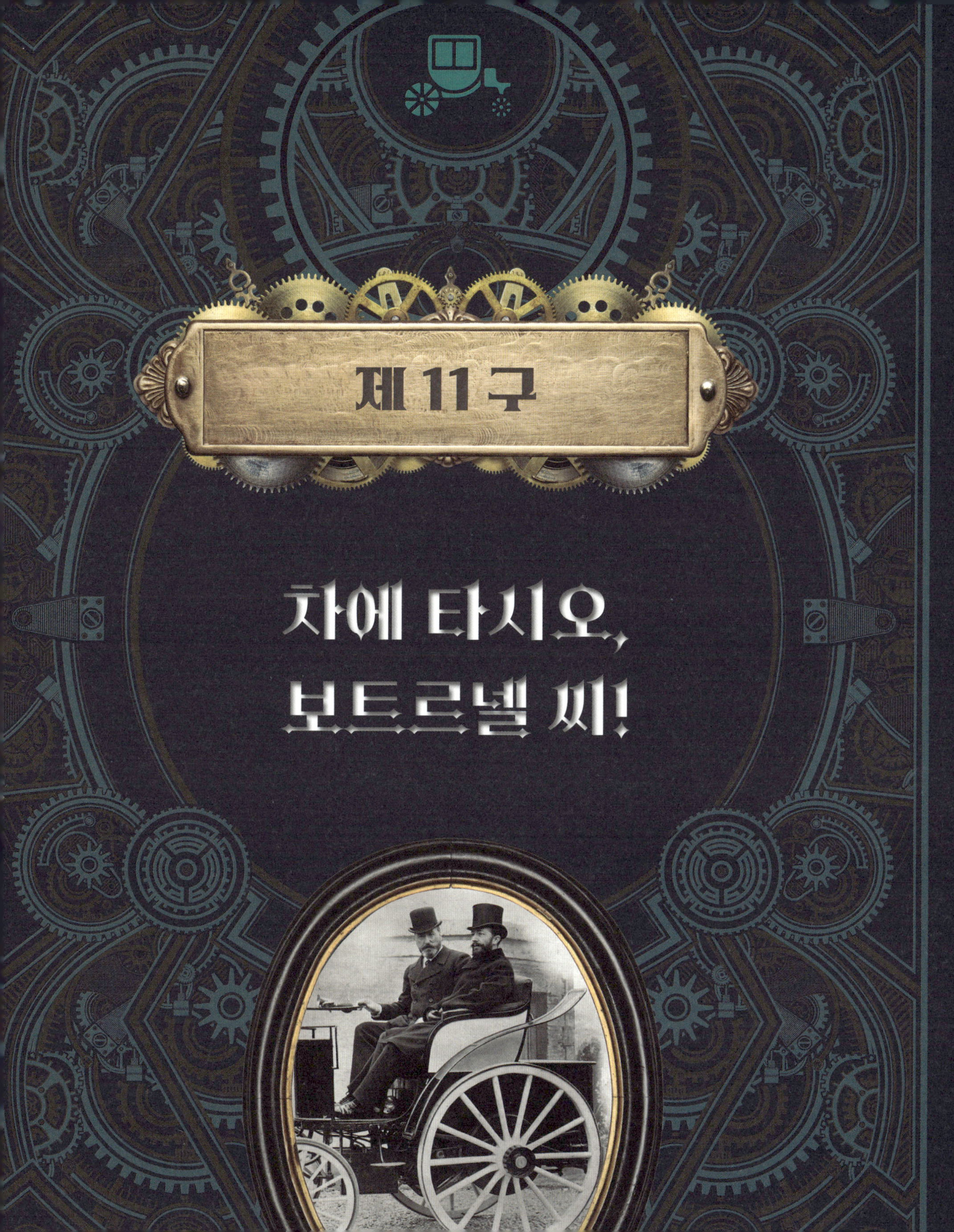

차에 타시오, 보트르넬 씨!

파리에서 가장 번창하는 삯마차 회사 세 곳 중 하나가 바로 소형 자동차 회사였다. 테오는 마차들이 드나드는 넓은 출입문을 지나 안마당으로 들어섰다. 그곳은 동시에 작업장, 창고, 마구간, 그리고 운전사들의 휴식 공간 역할을 하고 있었다.

유리로 둘러싸인 안쪽 사무실에서는 증기 톱과 증기 망치가 쉴 새 없이 울려 퍼지며 차체를 다듬고 있었다. 조금 떨어진 곳에서는 젊은 여자들이 천에 바느질을 하며 마차용 쿠션과 시트커버를 만들고 있었다.

안마당 오른편에는 완만한 경사로를 따라 연결된 3층짜리 건물이 있었는데, 그 건물 전체가 마구간이었다. 창고 안에는 고된 운행을 마치고 돌아온 말들이 배불리 먹을 수 있도록 건초단과 귀리가 가득 쌓여 있었다.

그리고 마당 깊숙한 안쪽에는 몇 년 전부터 파리에서 성행하기 시작한 전기자동차용 축전지를 충전하는 작업장이 자리하고 있었다. 이 축전지는 떼었다가 붙일 수 있는 교환식 구조로, 당시로서는 매우 혁신적인 발명이었다.

전기자동차는 약 50킬로미터를 달리면 축전지가 방전되었고, 운전사들은 곧바로 차고나 오베르빌리에에 있는 주공장으로 가서 충전된 축전지로 교체하곤 했다.

모든 것이 갖춰진 완벽한 환경이 마음에 드는 듯, 기술자와 제철공과 마부들은 휘파람을 불거나 노래를 흥얼거리며 일을 하고 있다.

무뚝뚝한 책임자

테오는 마구간 쪽으로 향하던 관리사를 불러 세우고, 차고의 책임자가 누구인지 물었다. 남자는 말 없이 정문 옆의 유리문을 턱짓으로 가리키더니, 다시 마구간 쪽으로 발걸음을 옮겼다.

유리문에는 '책임자, 레옹 데자르댕'이라는 글자가 새겨진 안내판이 붙어 있었다. 테오가 문을 두드리자, 안쪽에서 낮고 굵은 목소리가 들려왔다.

"들어오게."

문을 열고 들어서자, 덩치가 거대한 사내가 눈에 들어왔다. 그는 합당한 이유가 없는 한 방해받는 것을 극도로 싫어하는 사람처럼 보였다.

"응? 무슨 일이야? 원하는 게 뭐지? 자, 얼른 말해!"

"저… 지난 4월 10일, 아침 6시 15분경 케 브라니에서 손님 한 명이 차를 탔습니다. 그 손님이 어디에서 내렸는지 알고 싶습니다."

데자르댕은 인상을 찌푸리며 코웃음을 쳤다.

"이봐, 젊은이. 자네 눈에는 내가 장부나 뒤적일 만큼 그렇게 한가해 보이나?"

"데자르댕 씨… 아주 중요한 일입니다. 저는 구스타브 에펠 선생님의 조수입니다. 선생님이 실종되기 전 누군가에게 공격받았는데, 그 괴한이 바로 당신 회사의 자동차를 타고 도망쳤습니다."

"에펠이라고? 자네가 그 위대한 구스타브 에펠의 조수란 말이지? 그렇다면 얘기가 다르군."

그는 의자에서 벌떡 일어나 외투를 챙기며 말했다.

"자네가 알고 있는 걸 전부 말해보게. 아니, 그보다 나를 따라오게. 직접 확인해 보자고."

레옹 데자르댕. 소형 자동차 회사의 차고 관리책임자

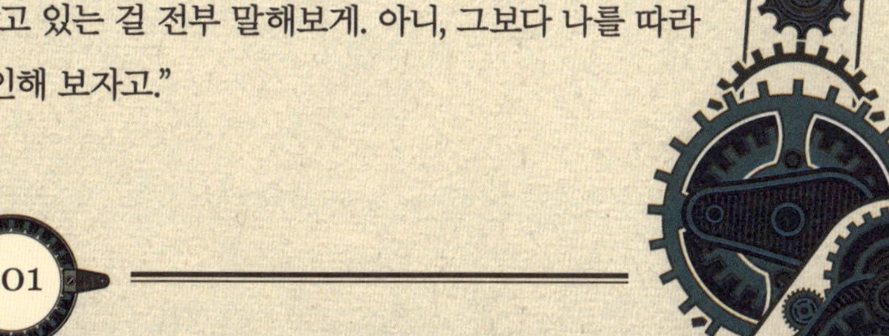

데자르댕은 두꺼운 장부를 꺼내 페이지를 넘겼다.

"자… 4월 10일 차량 번호 502번이라고 했지? 으흠… 이거 흥미롭군."

"무슨 뜻입니까? 혹시 뭐라도 찾으셨나요?"

"502호 자동차는 그 이후에 다른 손님을 태우지 않고 바로 차고로 돌아왔어. 운전사가 '핸들에 기술적인 문제가 있다'며 보고를 했지. 그런데 말이야, 기록에 따르면 그 차가 그날 하루 종일 우회전만 했다는군. 확실히 의심스러운 구석이 있어."

그는 그렇게 말하며 한 장의 지도를 테오에게 내밀었다.

파리의 미궁

"이건 자네가 말한 괴한을 태운 자동차가 달린 경로일세. 여기 초록색 화살표는 자동차가 출발한 지점이고, 파란색 화살표는 이 복잡한 미로 같은 도로에서 빠져나간 지점을 표시한 거야. 운전사의 보고에 따르면, 그날 자동차는 오직 우회전만 가능했고 후진조차 할 수 없었다네. 그랬다면 운전은 꽤 고된 일이었을 거야. 자, 이제 자네 차례일세. 이 지도를 보고 자동차의 이동 경로를 직접 추적해 보게."

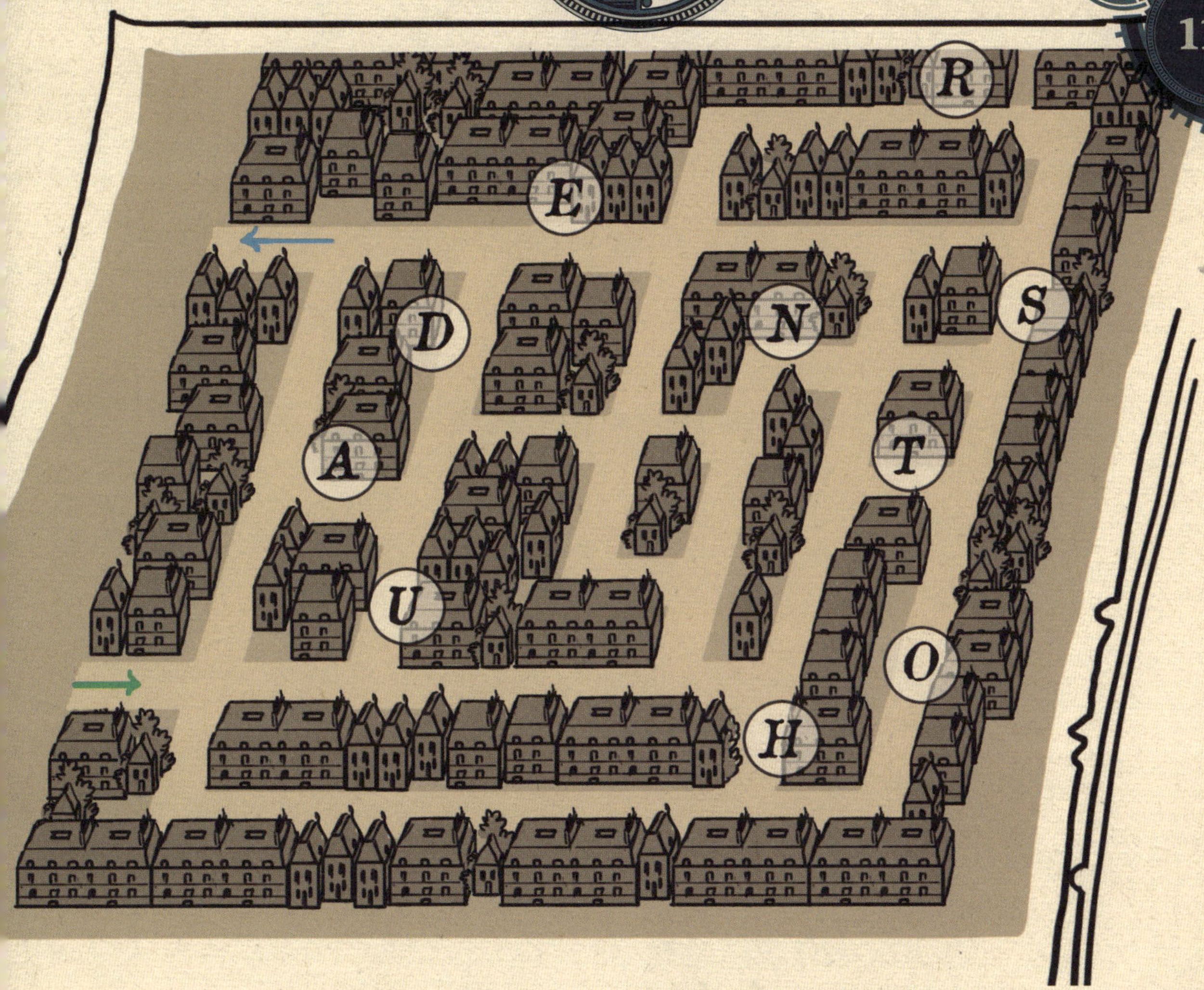

자동차의 이동 경로가 키워드가 될 것이다.

키워드는 무엇인가?

책장을 넘기지 마시오!
책장을 넘기려면, 우선 위의 문제를 풀어야 한다.

"맞네. 바로 이 경로야! 자동차가 이동한 길을 따라가 보면, 괴한이 내린 곳은 20구 메닐몽탕 거리 118번지로 보이네. 하지만 내 충고를 명심하게. 자네가 내 조언을 듣지 않고 혼자 그곳에 간다면, 분명 후회할 걸세. 그 일대는 부랑자들의 아지트로 악명이 자자하니까."

"정말 감사합니다, 데자르댕 씨. 큰 도움을 주셨습니다."

그는 새로운 단서를 얻은 기쁨에 들떠, 서둘러 사무실을 나섰다. 마차들이 오가는 출입문을 막 지나려던 그때, 뒤에서 데자르댕이 급하게 그를 불러 세웠다.

"잠깐, 젊은이! 자네가 말한 자동차 번호가 분명 502였나? 4월 10일 습득물 장부를 보다가 흥미로운 걸 발견했네. 괴한이 서둘러 내리다가 자동차에 서류를 두고 내린 것 같아. 나랑 같이 지하 묘지로 내려가 보세."

"지하 묘지요?"

"겁먹을 것 없어! 손님들이 깜빡 두고 간 물건을 보관하는 지하보관실이지. 우리가 농담 삼아 '지하 묘지'라고 부르는 곳이야."

차고지의 지하 묘지

테오는 데자르댕을 따라 직원용 계단 쪽으로 향했다. 계단은 건물 깊숙한 곳까지 이어져 있었고, 내려갈수록 공기는 차가워졌다. 쇠 난간을 따라 조심스레 내려가자 희미한 가스등이 깜박이는 어두운 지하 공간이 모습을 드러냈다. 데자르댕은 익숙한 손놀림으로 상자들을 하나씩 열어보며 말했다.

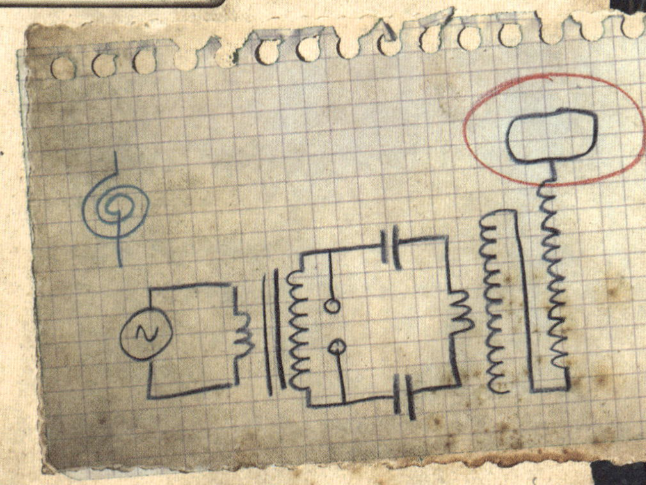

"운행이 끝나면 손님들이 차에 두고 내린 물건을 모두 기록하고 검사해서 이렇게 분류하지. 자네도 알아두게. 지난 1903년 한 해 동안만 해도, 손님들이 깜빡 잊고 두고 간 물건이 25,000개가 넘는다네. 그중에서 우산이 무려 10,000개쯤 되지. 저 뒤 방을 보면 우산으로만 꽉 차 있을 거야. 오호, 됐어! 찾았네!"

데자르댕이 손에 든 낡은 종이를 조심스레 펴서 테오에게 내밀었다. 그 위에는 복잡한 선과 기호들이 얽혀 있었고, 얼핏 보기엔 전기회로도처럼 보였다.

'이건⋯ 도대체 뭐지?'

그 순간, 한 생각이 번뜩였다. 구스타브 에펠이 이 자리에 있었다면 단번에 그것이 무엇인지 알아보았을 것이다. 하지만 지금 그를 대신해 도면의 비밀을 풀 수 있는 사람은 단 한 명뿐이었다. 에콜 상트랄 시절의 스승, 물리학과 교수 클로드 샤펠. 테오가 졸업한 지 곧 5년이 되어가지만, 그는 여전히 3구 몽골피에 거리의 학교에서 강의를 하고 있을 터였다. 샤펠 교수라면 반드시 이 도면의 비밀을 풀 수 있을 것이다.

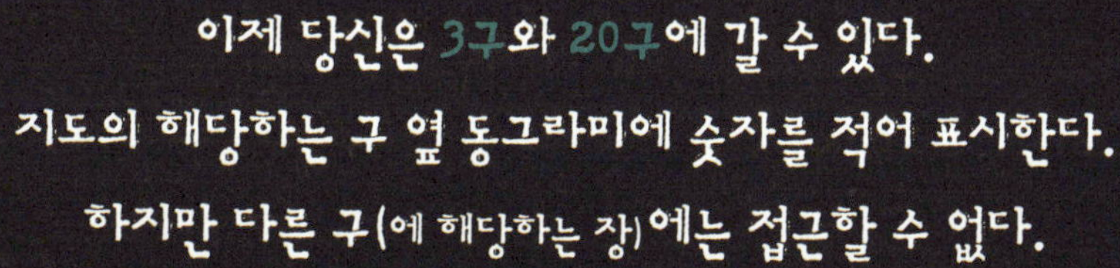

제 12 구
발전소에 울리는
적색 경보
METROPOLITAIN

테오는 간밤에 토로이드를 도
둑맞은 발전소로 가기 위해 지하철
을 탔다. 리옹역에서 내렸을 때, 막
개통된 지하철의 열기와 철 냄새
가 섞인 공기가 아직 플랫폼에 남
아 있었다.

1900년, 파리 지하철이 막 개통되면서 도시의 속도는 완전히 달라
졌다. 단돈 15상팀이면 25분 만에 파리를 동서로 가로지를 수 있었다.
마차나 자동차를 타면 한 시간 넘게 걸리던 길이었다.
박람회를 계기로 도시 곳곳이 새로 정비된 덕분에, 테오는 리옹역
광장에서 라페 둔치까지는 걸어서 5분 만에 도착했다.

전략적 위치에 자리 잡은 발전소

파리시 철도회사의 발의로 건설된 발전소는 파리 전역에 전력을 공급하고 있었다. 테오는 부두에서 발
전소로 석탄을 실어 나르는 배들을 바라보았다. 전기 기중기 한 대가 수송선이 실어온 석탄을 컨베이어 벨
트 위로 부지런히 옮기고 있었다. 벨트를 따라 움직인 석탄은 곧장 발전소의 화물 적재소로 들어갔다. 또
다른 기중기 한 대는 발전소에서 나온 석탄재와 연료 찌꺼기들을 다시 센강에 정박한 수송선으로 실
어 나르고 있었다.

테오는 흠잡을 데 없이 정교하게 이루어지는 작업에 잠시 넋을 잃고 서 있었다. 기계와 인간의 움직임이 마치 하나의 거대한 생명체처럼 호흡하고 있었다. 전략적인 위치에 자리 잡은 발전소는 센강에서 물을 직접 끌어올려 지하 수로를 통해 발전 설비에 물을 공급하고 있었다.

발전소 잠입 성공

테오는 직원들 사이에 섞여 발전소 안으로 들어갈 수 있기를 바라며, 베르시 거리 쪽에 있는 직원용 출입구를 향해 천천히 걸었다. 거대한 건물의 벽면은 벽돌과 철 그리고 유리로 촘촘히 짜여 있었고, 그 형태는 마치 산업의 대성당을 떠올리게 했다. 건물 중앙부는 150미터나 되는 길이로 뻗어 있었으며, 그 위로 솟은 여섯 개의 굴뚝에서는 쉼 없이 연기가 뿜어져 나와 하늘을 흐릿하게 만들었다. 굴뚝 사이로 새어 나오는 검은 연기는 이 도시가 이제 더 이상 가스등의 시대가 아닌, 전기의 시대에 들어섰음을 알리는 신호처럼 보였다.

주 출입구에 다다르자, 테오는 잠시 걸음을 멈추고 주변을 살폈다. 철제 문 앞에는 담배를 피우며 쉬고 있는 기계공 몇 명이 서 있었다. 그들의 얼굴은 검댕으로 얼룩져 있었지만, 태연한 표정에는 익숙한 노동의 리듬이 배어 있었다. 테오는 그들 틈에 섞여 담배를 꺼내는 시늉을 했다. 그리고 기계공들이 마지막 한 모금을 내뿜으며 자리로 돌아갈 때, 아무렇지 않은 얼굴로 그들 뒤를 따라 건물 안으로 들어섰다.

몇 분 뒤, 그는 기계공들과 함께 드넓은 기계실 한가운데에 서 있었다. 처음 보는 광경이었다. 스무 대의 보일러가 내뿜는 뜨거운 증기가 거대한 증기기관을 돌리고 있었고, 조금 떨어진 곳에서는 발전기와 변압기가 쉼 없이 돌아가며 수도권 변전소로 보낼 교류와 직류를 생산하고 있었다. 기계공들과 전기공들은 석탄재를 실은 광차를 피해 분주히 오가며, 끊임없이 울려대는 굉음과 지옥 같은 열기 속에서도 한 치의 흐트러짐 없이 설비의 작동 상태를 점검하고 있었다.

테오는 자신 쪽으로 다가오는 현장 감독들의 시선을 피하려고, 재빨리 기계실 위쪽 가교로 이어진 사다리를 올랐다.

하얀색 철판

가교에는 4미터 높이의 하얀색 철판들이 수십 개 늘어서 있었다. 각 철판엔 눈금판과 스위치, 깜박이는 경고등과 손잡이들이 촘촘하게 박혀 있었고, 이곳에서 발전소의 온갖 변수를 조절한다는 사실을 한눈에 알 수 있었다.

테오는 자신도 모르는 사이에 그 조종판을 들여다보고 있었다. 지금 보았던 표식 하나하나가 도둑맞은 토로이드와 연관된 단서일지도 모른다고 생각하자 심장이 더 빠르게 뛰었다.

그 순간, 등 뒤에서 낮고 날카로운 목소리가 울렸다.

"꼼짝하지 마! 손이 보이게 높이 들고 천천히 뒤로 돌아!"

테오는 반사적으로 팔을 들어 올렸다.

현행범으로 잡히다

테오는 목소리가 시키는 대로 손을 높이 든 채 천천히 뒤를 돌았다. 체격이 자신의 두 배쯤 되어 보이는 남자 셋이 서 있었다. 그들 눈빛은 날카로웠고, 이미 상황은 변명의 여지가 없는 현행범으로 규정된 듯했다. 테오는 순간적으로 모든 가능성을 계산했다. 그들이 자신을 밖으로 끌어내 경찰에 넘기면, 모든 조사는 중단될 것이었다.

"당신 누구야? 여기서 뭐 하고 있는 거야?"

테오의 머릿속에 그럴듯한 말이 떠올랐다. 그는 최대한 태연하게 목소리를 낮춰 말했다.

"저요… 저는 설비를 검사하러 온 버튼회사 기술자입니다. 간밤에 토로이드가 도둑맞았다고 해서 설비 안전 점검을 위해 급히 왔습니다. 오히려 질문은 제가 해야 할 것 같은데요. 당신들은 누구십니까? 여기서 일하시는 분들인가요?"

"우리는 발전소 보안요원들이오. 오늘 검사 온다는 연락 따위 못 받았고, 당신 같은 사람은 이 안에서 할 일이 없소."

테오는 계속 말을 둘러댔다. "물론입니다. 제 방문은 계획된 게 아니었습니다. 간밤에 토로이드가 도둑맞지 않았다면, 제가 굳이 아침부터 달려올 이유도 없었겠지요. 보안을 책임지는 분들이야말로 도리어 설명해 주셔야 할 것 같은데요."

적색 경보

테오가 자신의 순발력과 재치를 감탄할 겨를도 없이, 별안간 경보가 울리기 시작했다. 조종판의 경고등이 요란하게 깜박이며 붉은 빛을 쏟아냈다. 보안요원들의 얼굴은 순식간에 사색이 되었고, 그들의 시선이 일제히 테오에게로 쏠렸다.

"정말 때맞춰 잘 오셨습니다. 경보음을 어떻게 끄는지 잘 알고 계시지요?"

테오는 재빨리 배전반 쪽으로 고개를 돌렸다. 몇 가지 보조 접속만 하면 발전 설비를 복구하고 동시에 경보를 끌 수 있을지도 몰랐다. 아마도 옆에 있는 수동식 배전반이 도움이 될 것이다.

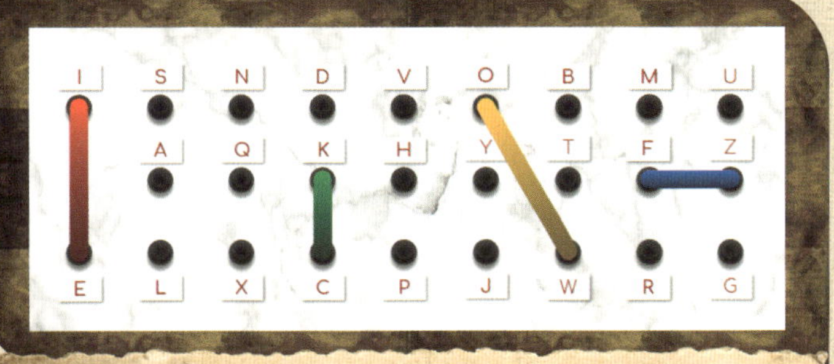

테오가 발전소의 구세주가 될 수 있는 5개의 알파벳으로 이루어진 키워드는 무엇인가?

A. 1000 W	J. 2600 W	S. 150 A
B. 2 kΩ	K. XII A, 1234 Ω	T. 400 Ω, 15 V
C. 5000 V, 1234 Ω	L. 2 kW, 150 A	U. 225 V
D. $\sqrt{48400}$ V	M. 15^2 V, 3000 W	V. π A
E. 2000 W, 666 Ω	N. 220 V, 1000 W	W. 2000 Ω, 30 A
F. 1500 Ω, 5000 W	O. 2600 W, 30 A	X. 5000 V
G. 4000 V	P. 3.1416 A	Y. 1234 A
H. 5 A	Q. 12 A, 2 × 500 Ω	Z. 110 V, 5 kW
I. 666 Ω, 200 V	R. 3000 W, 4 kV	

책장을 넘기지 마시오!
책장을 넘기려면, 우선 위의 문제를 풀어야 한다.

테오가 마지막 접속선을 연결하는 순간, 귀를 찢던 경보음이 뚝 하고 멎었다. 순간의 정적이 찾아왔고, 이어 보안 책임자가 안도의 숨을 내쉬며 테오의 등을 세게 두드렸다. 그 충격에 테오는 거의 난간 아래로 미끄러질 뻔했다.

"잘하셨습니다! 때마침 당신이 있어서 정말 다행이었습니다. 이번 사고가 혹시 도둑맞은 토로이드와 관련이 있다고 생각하십니까?"

테오는 숨을 고르며 배전반에 적힌 복잡한 용어들을 곁눈질했다. 머릿속은 텅 비었지만, 입은 재빨리 움직였다.

"물론입니다. 토로이드가 사라진 탓에 전력 균형이 무너져 4번 단상교류의 승압기에 과부하가 걸린 것으로 보입니다."

그럴듯한 말이 입에서 흘러나왔지만, 만약 샤펠 교수가 이 광경을 보았다면 배꼽을 잡고 웃다가 바로 낙제점을 매겼을 것이다. 보안요원들은 그런 사실을 알 리 없었다. 그들은 고개를 끄덕이며 전문가의 말을 들은 듯 진지한 표정으로 테오를 바라보았다.

라틴어 경고문

테오는 한껏 높아진 자신의 위상을 이용하기로 했다. 이제 이 상황에서 주도권은 완전히 그의 손에 있었다.

"좋습니다." 그는 단호하지만 침착한 어조로 말을 이었다.

"간밤에 무슨 일이 있었는지 자세히 말씀해 주시겠습니까? 토로이드뿐만 아니라 다른 부품들도 함께 사라졌을 가능성이 있습니다. 도난 사건과 관련해 어떤 단서라도 좋습니다. 전기 설비를 안정화하려면 모든 정보를 알아야 합니다. 아주 사소한 것도 빠짐없이 말씀해 주셔야 합니다."

보안책임자는 잠시 머뭇거리다 무겁게 입을 열었다.

"으음… 도둑들이 토로이드를 훔쳐 갔다는 건 오늘 아침에야 알았습니다. 라페 둔치 쪽 공장 뒷문이 부서져 있었어요. 무게를 생각하면 도둑은 적어도 서른 명 이상이었을 겁니다. 솔직히 말씀드리면, 그 무거운 걸 어떻게 들고 나갔는지 짐작조차 되지 않습니다. 아마 수송선을 이용했겠지요."

테오는 고개를 끄덕였다.

"그래서 다른 단서는 없습니까? 도둑들이 남긴 흔적이라도?"

보안책임자는 눈을 피하며 대답했다.

"뭔가 있긴 했습니다. 오늘 아침 벽에 이상한 문장이 쓰여 있는 걸 발견했습니다. 검은 페인트로 큼지막하게 말이죠."

EX TEMPORE HOMINES ENERGIAM REGUNT

테오는 그 말을 듣고 잠시 시선을 멈췄다. 고등학교 때 라틴어 수업 시간에 배웠던 문법과 어휘가 머릿속을 스쳤다. 그는 낮은 목소리로 번역을 읊조렸다.

"이제부터 사람이 독단적으로 에너지를 지배한다…"

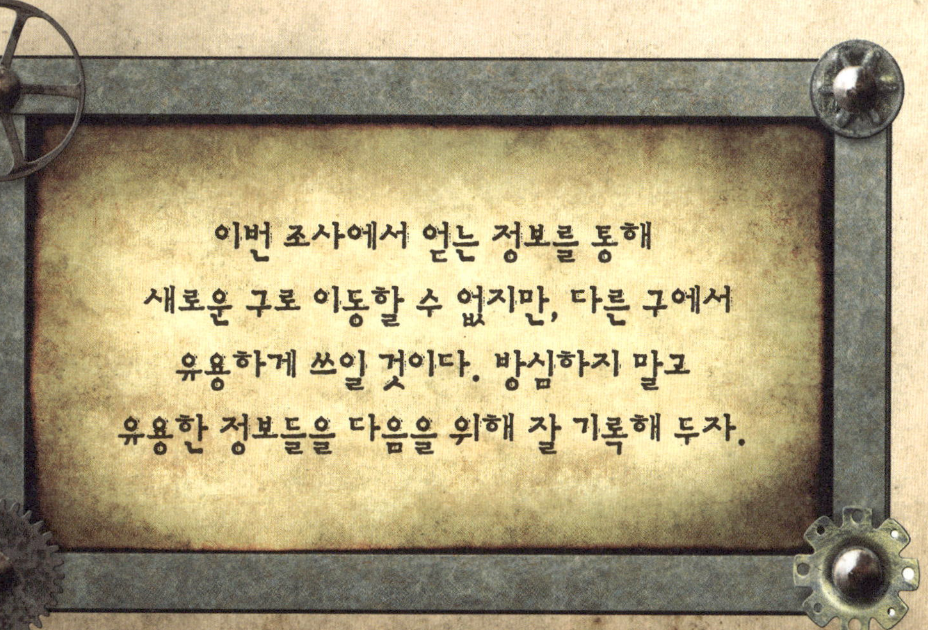

이번 조사에서 얻는 정보를 통해
새로운 구로 이동할 수 없지만, 다른 구에서
유용하게 쓰일 것이다. 방심하지 말고
유용한 정보들을 다음을 위해 잘 기록해 두자.

제 13 구

테슬라의 빛

물리학자, 니콜라 테슬라

테오는 생 마르셀 거리 81번지 건물 앞에서 잠시 걸음을 멈췄다. 그는 짧게 숨을 고른 뒤, 낡은 나무문을 밀고 안으로 들어섰다. 좁은 계단을 따라 3층까지 올라간 테오는 문 앞에서 깊이 숨을 들이마신 뒤, 노크를 했다. 문이 열리더니 멋진 수염을 기른 잘생긴 남자가 모습을 드러냈다. 테오는 조심스레 인사를 건넸다.

"안녕하세요, 테슬라 선생님. 이렇게 밤늦게 찾아뵙게 되어 죄송합니다. 저를 기억하지 못하실지도 모르겠지만, 몇 년 전 파리에 오셨을 때 뵌 적이 있습니다. 제 이름은…."

"테오도르 보트르넬, 에펠의 조수! 자, 어서 들어오게. 자네를 기다리고 있었네! 나의 오랜 친구는 에펠은 같이 안 왔나?"

테슬라는 프랑스어를 완벽하게 구사하는 데다 기억력 또한 대단했다. 테오는 테슬라를 따라 들어가며 에펠은 따로 조사를 진행하고 있다고 설명했다.

여행하는 과학자

집 안은 예상보다 훨씬 휑했다. 가구라고는 몇 개뿐이어서, 마치 막 이사를 온 사람의 집처럼 텅 비어 보였다. 침대 위에는 반쯤 열린 여행 가방이 놓여 있었고, 안에는 각종 서류와 전선 뭉치가 뒤섞여 있었다. 책상 위에는 타자기처럼 생긴 낯선 기계가 자리하고 있었으며, 창문 앞에는 안테나처럼 보이는 금속 장치가 펼쳐져 있었다.

"물건들이 널려 있는 걸 용서하게. 몇 시간 전에야 도착해서 아직 짐 정리도 못 했네. 이 집은 내가 토머스 에디슨의 파리 지사에서 일할 때부터 써온 곳이지. 오랜만에 돌아오니 낯설군. 자네에게서 메시지를 받지 않았다면, 내가 먼저 저녁 무렵 연락할 생각이었네."

"한 가지 여쭤보고 싶은 게 있습니다. 제가 전보를 보낸 곳은 미국 쇼어햄의 선생님 연구소였는데, 회신은 이곳 파리에서 받았습니다."

"아, 그건 말이지… 나는 여행 중에도 나에게 오는 모든 전보를 자동으로 이 휴대용 수신기로 전송하도록 해두었네. 내 발명품 중에서도 꽤 쓸 만하지. 다시 원래 이야기로 돌아가서, 자네의 말이 옳네. 지금 상황은 매우 심각하네.

테슬라탑

니콜라 테슬라는 창가를 오가며 천천히 걸었다. 그는 잠시 창밖의 어둠을 바라보다가, 흥분을 억누르지 못한 듯 두 손을 등 뒤로 모으고 말을 이었다.

"최근에 일어난 일들을 자네가 제대로 이해하려면, 나의 연구를 조금은 알아야 하네. 약 10년 전부터 나는 지구 자체의 전류 진동을 이용한 무선 전력 송전, 즉 전선을 전혀 사용하지 않는 배전 설비를 연구하고 있네. 5년 전, 나는 그 설계도를 완성했고 콜로라도 스프링스 연구소에서 첫 실험을 진행했지. 그 결과는 놀라웠네. 전선 하나 없이, 20미터 떨어진 전구에 불을 밝히는 데 성공했어!"

테슬라의 눈빛이 순간 반짝였다.

"그때 나는 확신했네. 훨씬 더 먼 곳까지, 그리고 언젠가는 전 세계 어디서든 불을 밝힐 수 있을 거라고."

그는 잠시 숨을 고르더니 미소를 지었다.

"수많은 투자자의 도움으로, 나는 마침내 뉴욕 근교 쇼어햄에 내 꿈을 실현할 시설을 세웠지."

"워든클리프탑이죠!"

"맞았어! 자네만 괜찮다면, 난 테슬라탑이라고 부르고 싶네. 에펠이 벌써 탑에 대해 자네에게 잘 설명해 준 것 같군. 하지만 사랑하는 나의 친구 에펠이 모르고 있는 것이 있네."

TESLA'S TOWER

그는 창문 쪽으로 걸어가서 밖의 어둠을 향해 손을 내밀었다.

"테슬라탑은 이미 완성되었네. 그리고 그 기능은… 완벽히 실용화 단계에 있지."

마법사의 계획

"에펠 선생님은 투자가 충분치 않아 연구를 중단했을 것이라고 하셨습니다. 선생님의 혁신적인 발명이 그런 헛소문에 휩싸인 이유가 뭔가요?"

"왜냐하면 첫 번째 실험이 완벽히 성공하자마자, 내가 즉시 계획을 중단했기 때문일세."

테슬라는 말을 멈추고 잠시 숨을 고르더니, 창밖을 바라보았다.

테오가 대화를 다른 쪽으로 돌렸다.

"선생님, 마법사라 불리는 제임스 윈더모어를 아십니까? 그가 이곳 파리에서 선생님의 발명을 재현하려 한다는 소문이 있습니다. 에펠탑을 이용해 테슬라탑과 같은 무료 전력을 생산하는 것이 가능할까요?"

테슬라는 천천히 고개를 저었다.

"아니네, 보트르넬. 자네는 윈더모어의 계획을 심히 오해하고 있네. 그가 파리에 세우려는 것은 발전소가 아니라 '무기'일세. 거대하고, 끔찍한 무기지. 조금만 생각해 보면 내 말의 의미를 알 수 있을 걸세. 생산된 전기를 지역 전체로 분배하는 대신, 모든 전류를 한곳으로 집중시키면 무슨 일이 일어날까? 그 에너지는 수천억 와트, 때로는 수십 메가톤의 화약에 맞먹을 수 있네. 나는 그것을 '죽음의 빛'이라 이름 붙였네."

죽음의 빛

그의 무시무시한 폭로에 테오가 놀랄 틈도 없이 테슬라는 말을 이었다.

"그 가능성을 깨닫자 나는 비밀정보국을 찾아가 내 연구가 지닌 위험을 알리고, 무엇을 해야 하는지 물었네. 전기가 한곳에 집중되면 무기화될 수 있다는 사실을 알게 되었고, 우리는 내 연구를 완전히 폐기하기로 결론지었네. 머지않아 테슬라탑을 파괴하면, 내 실험의 흔적은 남지 않을 테지. 윈더모어는 내 연구 초기의 투자자 중 하나였네. 그는 배전도와 설계도의 일부를 손에 쥐고 있었고, 내가 일부러 실험이 실패한 것처럼 꾸몄을 때도 그의 의심을 거둘 수는 없었지. 그래서 그는 가진 재력을 모두 쏟아 몇 달 동안 내 실험의 사소한 부분까지도 재현하려 애썼다네.

그러나 그가 해결하지 못한 한 가지가 있었지. 바로 '탑'이었다네. 설비를 충분한 높이와 규모로 땅에 세울 수 있는 금속 구조물, 바로 에펠탑 같은 탑이 필요했는데, 그 점에서 윈더모어는 아직 한계를 넘지 못했네."

"테슬라 선생님, 어떻게 마법사를 막을 수 있을까요?" 테오는 물었다.

테슬라는 고개를 저었다.

"불행히도 윈더모어가 어디에서 그 계획을 준비하고 있는지, 지금으로서는 아무도 모른다네. 누가 우리를 도와줄 수 있는지도 알 수 없는 상황이지. 윈더모어는 이미 정계와 과학계, 심지어 경찰까지 손을 뻗쳐 놓았어. 지금으로선 유일한 길이 하나뿐이라네. 윈더모어가 설치 작업을 준비하고 있는 창고를 찾아내는 것일세."

그는 책상 쪽으로 걸어가 손가락으로 낡은 수신기를 가리켰다.

"조금 전 미국 비밀정보국에서 메시지가 왔네. 어쩌면 그들이 보낸 메시지에 실마리가 될 만한 것이 있을지도 몰라.

이 기계로 메시지를 수신하면 되는데, 늘 그렇듯 암호가 필요하네. 암호는 다섯 개의 알파벳 문자일세. 자네가 이 집에 도착했을 때, 내 우편함에 이것이 들어 있었지. 그 안에 메시지 수신에 필요한 단서가 들어 있을 거야. 아마 자네라면 금세 풀 수 있겠지, 보트르넬?"

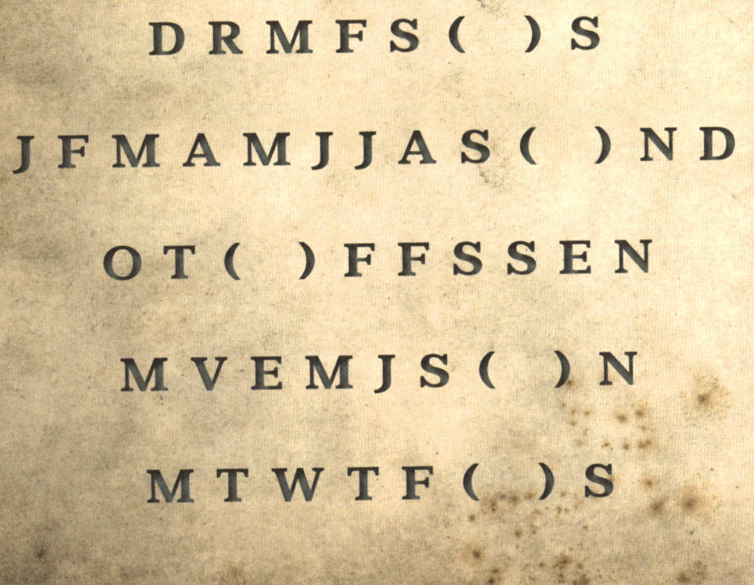

비밀정보국의 메시지를 수신할 수 있는 키워드는 무엇인가?

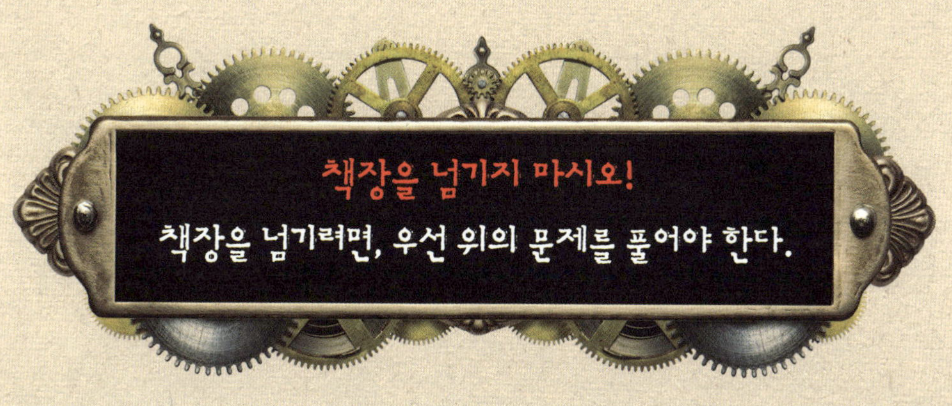

“그래, 아주 빤한 거였네! 브라보, 보트르넬!”

테슬라는 테오가 알아낸 키워드를 타자기처럼 생긴 기계에 힘차게 두드렸다. 탁탁탁 소리가 규칙적으로 울리고, 기계에서는 긴 종이 리본이 천천히 흘러나왔다. 테오는 테슬라의 어깨너머로 종이에 적힌 글을 읽었다.

[마법사가 사용한 암호화 방식]

마법사의 암호를 해독하려면 다섯 칸짜리 가로·세로
정사각형에 글자를 ‘세로’로 채워 넣으시오.
그다음 ‘가로’로 읽으면 원문을 쉽게 파악할 수 있음.

테슬라는 종이를 내려다보며 실망스러운 기색을 숨기지 못했다.

“애석하게도 기대와 달리, 마법사의 창고 위치 같은 직접적인 단서는 아니네. 하지만 이 해독법이 앞으로 쓸모 있을지 누가 알겠나? 비록 원하는 정보는 아니지만, 마법사를 붙잡는 데에 있어 좀 더 유리해진 것은 분명하네. 보트르넬, 자네는 오늘 에펠을 구하고, 파리에서 무슨 일이 벌어지고 있는지 알았네. 한 가지 부탁이 있네. 이 부탁은 반드시 들어주게. 만약 마법사의 설비를 찾거든, 그가 가진 설계 도면과 모든 장비를 반드시 파괴하게. 말했다시피, 그것은 죽음과 황폐의 또 다른 이름일세. 내가 그 사실을 너무 늦게 깨달았네. 행운을 비네, 보트르넬.”

이번 조사에서 얻는 정보를 통해 새로운 구로 이동할 수
없지만, 다른 구에서 유용하게 쓰일 것이다. 방심하지 말고
유용한 정보들을 다음을 위해 잘 기록해 두자.

제 14 구

몽수리 공원에서의 주거 침입

테오가 몽수리 공원에 도착했을 때는 산책 나온 사람들의 그림자가 오솔길에 길게 드리워진 늦은 오후였다.

몽수리 공원은 오스만 남작이 조성한 여러 공원 중에서도 유독 색다른 곳이었다. 소(Sceaux) 철로를 둘러싸고 조성된 이 공원은 산책로이자 휴식처이며, 작은 역이자 과학의 중심지였다.

크고 작은 오솔길은 호수와 화단, 숲과 정자를 빙 둘러 한데 얽혀 있었다. 몽수리 사람들은 일요일이면 이곳에 모여 산책을 하고, 음식을 나누고, 회전목마를 타거나 음악을 들으며 느긋하게 시간을 보냈다.

겨울이면 호수는 얼어 스케이트장으로 변했고, 얼음 위에 서서 낚싯대를 드리운 풍경도 드물지 않았다. 공원의 옅은 풀내음과 낙엽 밟는 소리가 오후 공기를 천천히 채우고 있었다.

바르도 궁전

테오는 북서쪽 입구로 공원에 들어와 바르도 오솔길을 달렸다. 오솔길은 천천히 고도를 올리며 공원을 한눈에 내려다볼 수 있는 능선으로 이어졌다. 그는 비정형의 건물을 향해 발걸음을 옮겼다.

바르도 궁전은 1867년 세계박람회를 기념해 튀니즈 궁전을 본떠 세워졌고, 이듬해 몽수리 공원의 가장 높은 자리로 옮겨졌다. 파리시는 곧 이곳을 단순한 전시물이 아니라 도시 과학의 전초기지로 삼았다. 궁전 안에는 공기질을 관측하는 기상소가 들어섰고, 파리의 물과 매장지를 연구하는 기관, 화학과 박테리아를 분석하는 실험실들이 차례로 자리를 잡았다.

궁전 정면은 무어 건축의 특징인 이국적 정취와 화려함을 뽐냈다. 모서리가 둥근 모양인 두 개의 건물은 다양한 아치와 기하학적인 모자이크로 장식한 복도로 연결되어 있다. 공원의 제일 높은 곳에 위치한 바르도 궁전은 지는 햇빛을 받아 화려한 빛깔을 뽐내고 있다.

궁전 침입

바르도 궁전은 정원을 따라 높이 150센티미터의 철책이 둘러져 있었고, 철책 너머로는 여러 종류의 기상 관측 기구들이 가지런히 놓여 있었다.

테오는 철책 주위를 돌다가 납땜이 살짝 헐거워진 곳을 발견했다. 주위를 꼼꼼히 살핀 그는 아무도 보이지 않는 것을 확인하자마자 몸을 낮추고 그 틈 밑으로 재빠르게 기어들어갔다.

정원 안으로 들어선 그는 인기척이 전혀 없는 것을 확인한 뒤 조심스레 궁전 쪽으로 다가갔다. 건물에 들어갈 만한 틈을 찾기 위해 외벽을 따라 한 바퀴 도는 동안, 궁전의 구조도 훨씬 선명해졌다. 건물은 각 면이 25미터인 완전한 정사각형이었고, 아래쪽 어디에도 접근 가능한 입구는 보이지 않았다.

테오는 눈에 띄지 않도록 최대한 몸을 낮춘 채 흰 대리석 계단을 올라 복도 끝까지 이동했다. 그러나 모든 문은 굳게 닫혀 있었다. 고개를 들어 올려다보니, 2층 왼편에서 돌출된 창

문 하나만이 유일하게 열려 있었다.

그는 잠시 숨을 가다듬고 마음을 다잡은 뒤, 벽의 요철을 이용해 조심스럽게 2층까지 기어올랐다. 그리고 열린 창문 틈으로 몸을 비집고 들어가 마침내 궁전 안으로 미끄러져 들어갔다.

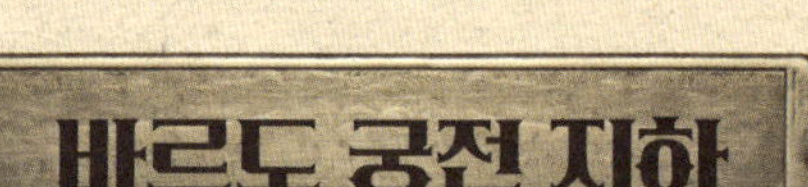

　테오는 2층의 방들을 차례로 샅샅이 뒤졌다. 무도회장과 도서관, 회의실과 응접실은 모두 하늘이 보이는 안뜰을 감싸며 배치되어 있었고, 방들은 하나같이 북아프리카식 장식으로 화려하게 꾸며져 있었다. 커튼 뒤며 서랍 안, 벽장의 천장 틈까지 그는 손이 닿는 대로 살폈지만, 아무것도 찾지 못했다.

　시간이 흐를수록 서늘한 의구심이 그의 가슴 안쪽으로 스며들었다.

　'르블롱 기자의 정보가 틀렸다면?' 그는 스스로에게 물었다. 이곳이 정말 과학연구소라면, 과학자들이 퇴근 전까지 다룰 연구는 고작 한두 가지에 불과할 텐데, 지금껏 보인 단서는 그럴싸하지 못했다.

　아무런 소득도 없이 테오는 터덜터덜 안뜰로 나와 가운데 놓인 우물 가장자리에 털썩 앉았다. 어깨에 내려앉은 저녁 공기가 살짝 차가웠다. 그때, 일정한 간격을 두고 울리는 둔탁한 두드림 소리가 그의 귀에 들어왔다.

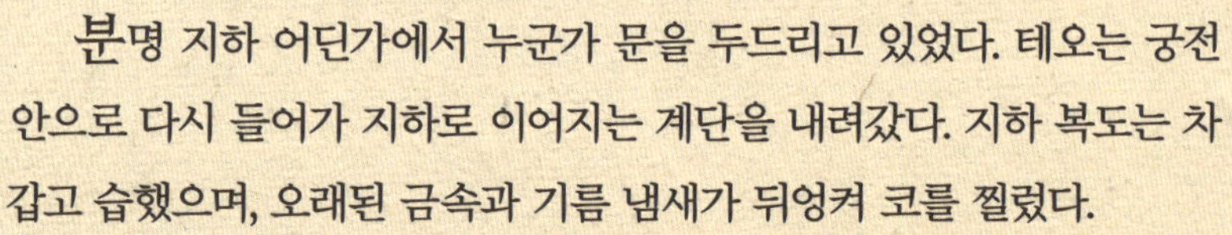

　분명 지하 어딘가에서 누군가 문을 두드리고 있었다. 테오는 궁전 안으로 다시 들어가 지하로 이어지는 계단을 내려갔다. 지하 복도는 차갑고 습했으며, 오래된 금속과 기름 냄새가 뒤엉켜 코를 찔렀다.

　바르도 궁전의 지하는 위층의 화려함과는 전혀 결이 달랐다. 그는 어두운 복도를 따라 걸으며 문마다 손잡이를 돌려 보았다. 그러나 방 안에는 오래된 책상, 쓰다 버린 실험 자재, 먼지가 내려앉은 장비들만 있을 뿐, 사람의 흔적은 어디에도 없었다. 테오는 복도에 어지럽게 놓인 작업대와 의자, 측량 기구와 유리장을 피해가며 복도 끝에서 점점 또렷해지는 둔탁한 소리를 향해 걸음을 옮겼다.

　마침내 그는 리벳으로 촘촘히 접합된 금속문 앞에 다다랐다. 둔탁한 소리는 분명 그 안쪽에서 울리고 있었다.

문 중앙에는 커다란 상자가 박혀 있었는데, 톱니바퀴가 부착되어 있었고, 각 톱니에는 알파벳이 새겨져 있었다. 다이얼을 돌려 특정 조합을 맞추면, 내부의 잠금장치와 물려 문을 열 수 있도록 설계된 구조임이 한눈에 보였다.

힘든 의사소통

테오는 귀를 문에 댔다. 들려오는 것은 종잡을 수 없는 둔탁한 두드림뿐이었다. 저 안에 갇힌 사람이 구스타브 에펠이라면, 입에는 재갈이 물려 있을 것이 분명했다. 테오는 문에 대고 크게 외쳤다.

"선생님, 저 테오도르예요. 에펠 선생님, 선생님이 맞다면 세 번 두드리십시오!"

곧바로 안에서 탁탁탁, 규칙 적인 세 번의 둔탁한 응답이 돌아왔다. 찾았다! 드디어 테오는 스승 에펠을 발견한 것이다. 이제 문을 열어 그를 구해낼 차례였다.

"선생님, 톱니바퀴가 달린 상자가 문을 가로막고 있습니다. 톱니바퀴에 달린 글자를 맞춰야 상자를 열 수 있을 것 같습니다."

잠시 후 안쪽에서 다시 두드리는 소리가 들렸다. 에펠이 테오에게 신호로 메시지를 보내는 것이 분명했다. 테오는 재빨리 수첩을 꺼내 기록했다.

테오는 잠시 생각에 잠겼다. 수첩에 적은 기호들을 해독하려면 바르도 궁전 안에서 찾은 것 이외의 다른 정보들이 필요했다. 수색 내내 유용한 단서를 하나도 얻지 못했으니, 다른 곳에서 입수한 정보로 에펠이 보낸 신호를 풀어야만 했다.

상자를 열 수 있는 알파벳 5개의 키워드는 무엇인가?

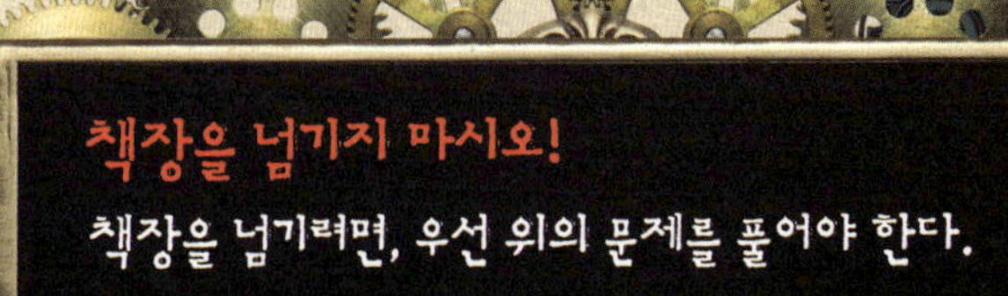

드디어 에펠을 구하다

테오가 키워드들을 조합하자 상자가 풀리며 '쿵' 하는 소리와 함께 육중한 문이 자동으로 열렸다. 기계실처럼 보이는 방 한가운데에 에펠이 입에 재갈이 물린 채 결박되어 있었다. 테오는 허둥지둥 에펠을 묶고 있는 밧줄과 재갈을 풀었다.

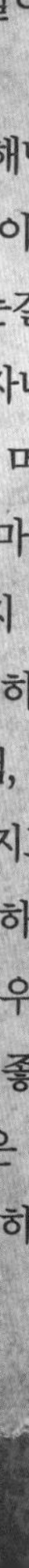

"테오, 고맙네, 정말 고맙네! 어떻게 이곳까지 왔나? 키워드는 어떻게 알아냈나? 괴한들이 나를 이곳에 가둘 때, 그들이 주고받던 좌우명 이야기들을 들었지. 혹시나 싶어 자네에게 그걸 전해주었지만, 설마 그 말이 이 문을 여는 열쇠가 될 줄은 몰랐네."

테오는 바르도 궁전에서 에펠을 구해낸 경위를 간략히 정리해 들려주었다. 조사 과정과 자신이 세운 추론을 요점만 골라 말하자, 에펠은 흥미로운 표정으로 때로는 고개를 끄덕이고, 때로는 존경의 눈길로 테오의 이야기를 들었다.

"테오, 자네의 영리함과 용기가 빛을 발했네." 에펠이 말했다.

"여기서 머뭇거릴 시간이 없네. 자네가 이곳에 오기 한 시간쯤 전, 내가 들은 바로는 마법사들이 오늘 밤 계획을 실행에 옮기겠다고 했어. 그들의 목적이 무엇인지 아직 명확하진 않지만, 그 계획을 밝혀내고 실행에 옮기지 못하게 막아야 하네."

"선생님, 지금 댁으로 돌아가시는 건 위험합니다. 그들이 선생님 거처를 알고 있을지도 모릅니다. 우리 집으로 모시겠습니다. 6구라면 자동차로 몇 분이면 도착하고 훨씬 안전할 것입니다. 이곳으로 오시기 전에 이미 클레르 부인에게도 우리 집으로 오시라고 연락해 두었습니다. 셋이 모여 모든 것을 되짚어보면 좋겠습니다."

에펠은 잠시 생각한 뒤 환하게 웃었다.

"완벽하네. 훌륭한 생각이야, 테오! 서둘러 출발하세!"

이제부터가 진짜 시작!

현관으로 통하는 계단을 올라가던 중, 에펠이 작업대 위에 펼쳐진 가로·세로 1미터가 넘는 배전도를 보고 발걸음을 멈췄다.

"아, 이럴 수가! 이건 아니야… 내가 짐작한 것과는 다른 구성이네. 곧 설명해 주지, 테오. 이것도 챙겨 가세!"

테오는 말없이 종이를 재빨리 말아 옆에 놓인 종이통에 밀어 넣고, 스승의 뒤를 따랐다.

바르도 궁전 밖으로 나서자 공원은 이미 어둠에 잠겨 있었다. 나뭇잎 사이로 불빛 몇 점이 깜박였고, 멀리서 들려오는 기차 소리와 사람들의 휘파람이 한데 섞여 희미하게 울렸다. 달도 별도 보이지 않는, 무겁고 불길한 밤이었다. 테오는 주머니 속에서 도면이 놓인 종이통을 더듬으며 숨을 골랐다.

그 밤, 파리의 운명은 테오의 두 손에 달려 있었다.

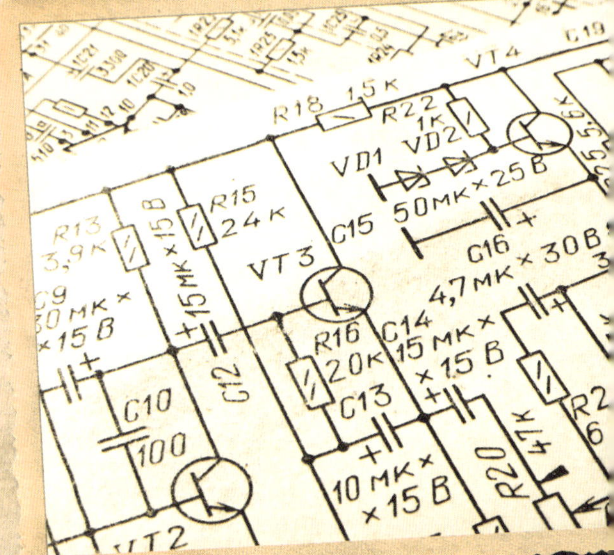

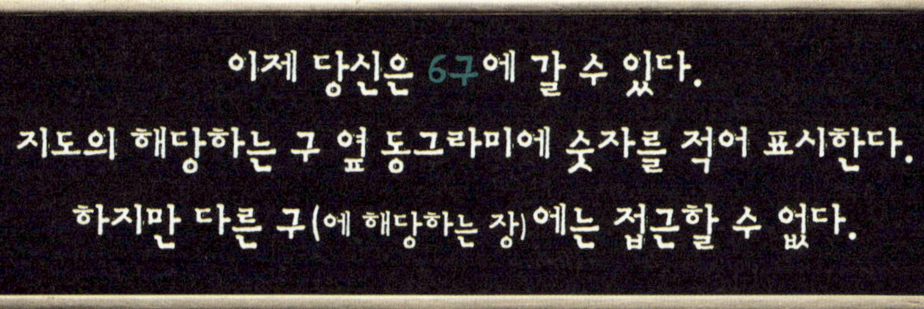

에펠탑 위에서의 결투

구스타브 에펠과의 재회

파시교로 향하기 전, 테오는 브레아 거리의 자신의 아파트로 돌아갔다. 새벽 3시, 에펠과 다시 만나기로 약속해 두었기 때문이다. 지금까지 벌어진 일들을 정리하고, 마지막 결정을 내려야 할 시간이었다.

아파트 안에서 테오는 숨 돌릴 틈도 없이 자신이 알아낸 사실들을 에펠에게 전했다. 윈더모어의 계획, 빌레트 부두에서 목격한 작업, 그리고 테슬라가 경고했던 '죽음의 빛'에 대한 우려까지. 그는 마법사와 그 하수인들이 첫 새벽에 토로이드와 장비를 마르스 광장 인근으로 하역할 것이며, 그곳이 이번 사건의 분수령이 될 것이라고 말했다.

윈더모어의 성격을 생각하면, 그는 이미 에펠탑 경비원들을 매수했고 고위 관료들까지 손에 넣었을 가능성이 크다. 모든 것이 들통나더라도 에펠이 직접 실험을 의뢰했다고 둘러댈 것이다.

시뉴섬에 가다

새벽 4시, 테오와 에펠은 무거운 침묵 속에서 파시교를 향해 걸었다. 두 사람은 단 한 마디도 나누지 않았다. 계절에 어울리지 않게 두꺼운 외투를 껴입은 구스타브 에펠은 목적지에 다다를 때까지 깊은 생각에 잠겨 있었다.

1878년 만국박람회를 계기로 지어진 금속 육교, 파시교는 아직 공사 중이었다. 완공되면 자동차 도로와 파리로 이어지는 철로를 함께 품은 거대한 통로가 될 예정이었다. 새벽 4시 30분, 테오와 에펠은 육교 바로 아래 시뉴

섬의 잔디밭에 자리를 잡았다. 풀 위에 몸을 낮춘 채 쌍안경을 들어 동쪽 방향, 수송선이 들어올 센강의 물길을 예의주시했다. 강바람은 차가웠고, 물결은 어둠 속에서 잔잔히 빛을 반사했다.

다가오는 수송선

구스타브 에펠이 팔꿈치로 테오를 깨운 것은 새벽 5시 10분 무렵이었다. 테오는 샤펠 교수와 '죽음의 빛', 괴한들이 등장하는 악몽에 한참 시달리고 있던 참이었다. 약 백 미터쯤 떨어진 곳에서 수송선 한 척이 소리 없이 그들이 있는 쪽으로 다가오고 있었다. 배의 불은 모두 꺼져 있었고, 이내 수송선은 브라니 강둑에 길게 정박했다.

수송선에서 가장 먼저 내린 이는 바로 마법사, 제임스 윈더모어였다. 그는 곧바로 토로이드를 운반하라 명령했고, 명령이 떨어지자 과학자들과 노동자들이 뛰어내려 배를 밧줄로 부두에 단단히 고정했다. 그 순간 에펠은 자리에서 벌떡 일어나 상기된 얼굴로 테오를 바라보며 외쳤다.

"우리 차례야, 테오도르! 우리가 완수해야 할 임무가 있네!"

도망치는 윈더모어

에펠이 브라니 강둑을 향해 내달리자, 이를 본 윈더모어는 즉각 에펠탑 쪽으로 몸을 돌렸다. 테오 역시 에펠의 뒤를 따르며 수송선을 향해 전속력으로 달렸다. 에펠의 목소리가 새벽 공기를 갈랐다.

"테오도르, 자네는 우리가 계획한 대로 배를 침몰시키게. 내가 해야 할 일이 무엇인지 분명히 알고 있으니, 걱정 말게!"

마법사의 부하들은 하역 작업에 정신이 팔려 주변에서 벌어지는 일을 알아차리지 못했다. 테오는 빠르게 몸을 낮추고 노동자 행세를 하며 수송선에 올라탄 후, 선창 쪽으로 조심스럽게 내려갔다.

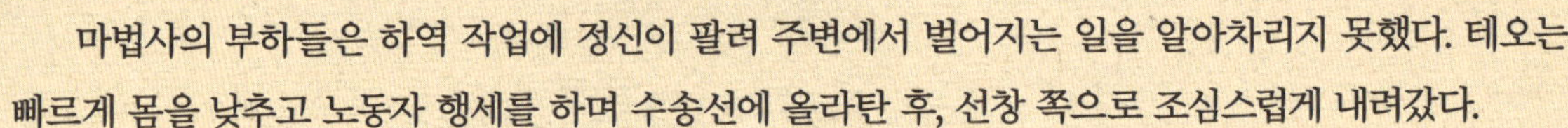

테오는 기둥 뒤에 숨어 가방을 열고 조심스럽게 물건들을 꺼냈다. 에펠이 아파트에서 계산해 준 분량과 배치에 관한 수치가 머릿속에서 맴돌았다. 배를 뒤집되 주변에는 피해가 가지 않도록 정밀하게 맞춘 수치였다.

타이머를 작동시키기 전에 폭발물과 기폭장치를 선으로 연결해야 한다. 배의 배치를 고려하여 바둑판 모양의 도면대로만 선을 설치할 수 있고, 모든 폭발물은 같은 글자의 기폭장치와 연결해야 한다. 마지막으로 하나 더, 어떤 경우라도 선이 교차하거나 닿으면 안 된다!

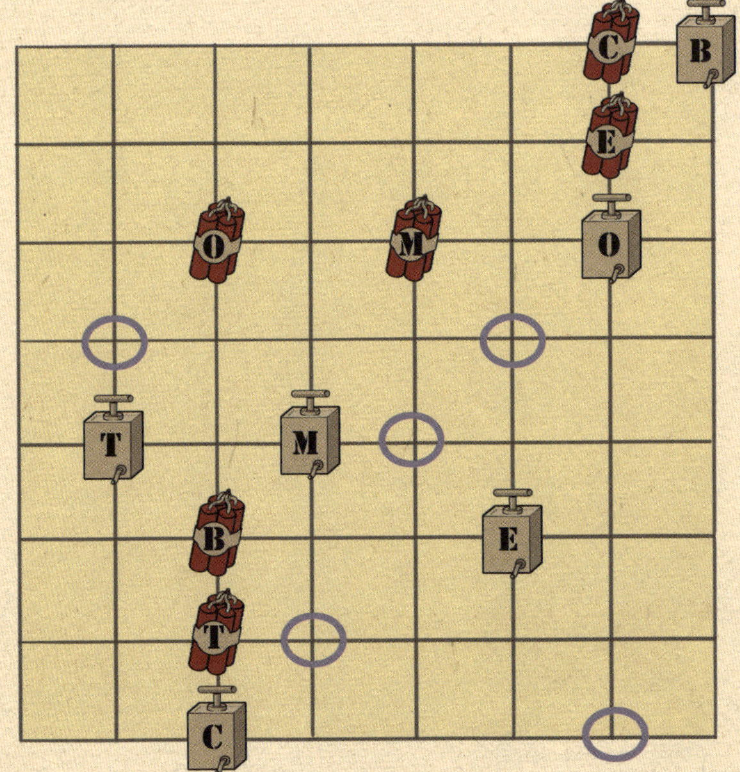

테오는 손을 떨며 장비를 든 채, 조용히 숨을 고르고 어둠 속에서 움직이기 시작했다. 그의 모든 동작은 서두르지 않으려는 의지와, 시간이 그들을 몰아세우는 절박함 사이에서 위태로운 균형을 이루고 있었다. 밤공기는 점점 팽팽해졌고, 센강의 물결은 그 침묵을 유리처럼 반사하고 있었다. 이 일이 끝나야만 파리가, 그리고 그 안에서 살아가는 사람들의 삶이 다시 안전해질 수 있었다.

이와 같은 조건에서 성공적인 선 연결을 의미하는 키워드는 무엇인가?

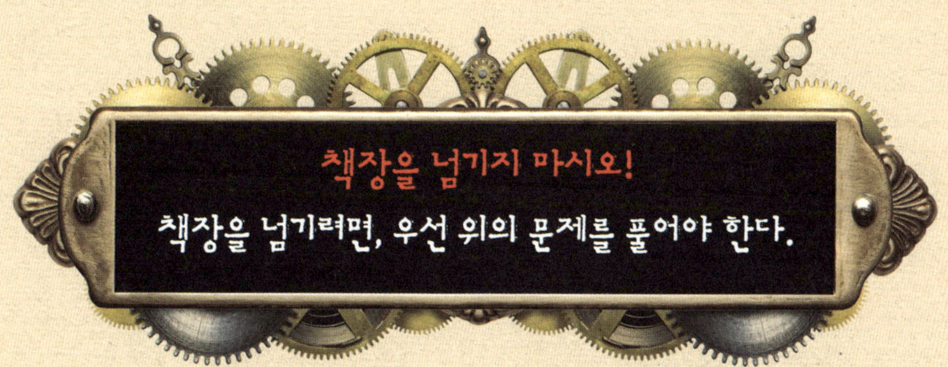

시간이 맞춰진 폭발물

　폭발물이 제자리에 놓이자, 테오는 숨을 죽인 채 타이머를 5분 후로 맞췄다. 더 머뭇거릴 이유는 없었다. 그는 재빨리 배에서 내려 강둑으로 달려 나왔다.

　강변에 선 그는 있는 힘껏 외쳤다.

　"배에 폭탄이 있습니다! 모두 배에서 내리세요! 곧 폭발합니다!"

　마법사의 하수인들이 뒤엉킨 채 배를 빠져나가는 동안, 테오는 에펠과 윈더모어를 쫓아 에펠탑으로 달려갔다. 탑에 도착했을 때 경비원은 구스타브 에펠이 어떤 남자를 뒤쫓아 계단을 힘겹게 오르는 것을 보았다고 말했다. 숨이 가쁜 테오는 한 손으로 가슴을 눌러 진정시키며, 발걸음을 재촉해 탑을 올랐다.

탑 꼭대기에서의 결투

　테오가 에펠탑 3층에 도착한 순간, 동쪽 하늘이 희미하게 밝아오기 시작했다. 승강대 난간 위에는 구스타브 에펠과 제임스 윈더모어가 마주 서 있었다. 떠오르는 햇빛을 등진 두 사람은, 마지막 순간을 앞두고 잠시 숨을 고르고 있었다. 에펠은 테오에게 이 싸움에 가능한 결말이 하나밖에 없을 것이라고 이미 말한 바 있다.

　철의 마법사와 에테르의 마법사. 그 이름이 어울리는 두 사람의 대결은, 결국 이 탑의 꼭대기에서 비극으로 끝날 수밖에 없어 보였다. 에펠은 승강대에 선 테오를 향해 마지막으로 손을 들어 보였다. 그리고 아무 말 없이 고개를 숙인 채, 적을 향해 달려들었다.

　윈더모어 역시 피할 수 없는 운명을 직감한 듯 한 걸음 물러섰다. 두 사람의 몸이 허공에서 엇갈렸다.

난간 위에서 균형을 잃은 채, 철과 살이 부딪히는 소리가 아침 공기를 갈랐다.

다음 순간, 두 인물은 동시에 난간 너머로 쏟아져 내려갔다. 에펠탑 아래로 펼쳐진 공허가 그들을 집어삼켰다.

추락하다

테오는 난간으로 달려가, 꼭두각시처럼 허공을 휘저으며 떨어지는 에펠과 윈더모어를 무기력하게 지켜보았다.

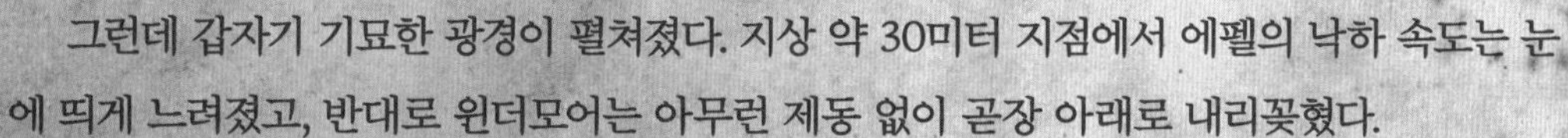

그런데 갑자기 기묘한 광경이 펼쳐졌다. 지상 약 30미터 지점에서 에펠의 낙하 속도는 눈에 띄게 느려졌고, 반대로 윈더모어는 아무런 제동 없이 곧장 아래로 내리꽂혔다.

그제야 테오는 에펠이 쇠밧줄에 매달려 있다는 것을 알아차렸다. 그 밧줄은 외투 밑에 감춘 그의 발명품인 안전벨트에 단단히 연결되어 있었다. 이런 결말을 미리 예상한 에펠이 3층에 설치해 둔 완강기에 그 안전벨트를 걸어 두는 놀라운 기지를 발휘한 것이다. 테오도 공기역학 실험에서 추락을 확인하는 과정에서 완강기를 사용한 적이 있었다.

테오는 본능적으로 계단을 내려가 통제실로 달려가 레버를 작동시켜 쇠밧줄을 되감았다. 승강대로 무사히 올라온 에펠은 테오를 와락 끌어안았다.

두 사람이 서로의 체온을 느끼며 안도의 숨을 내쉬는 순간, 멀리서 어마어마한 폭발음이 울려 퍼졌다. 파시교 부근에서 불길이 치솟았고, 수송선 한 척이 불타오르며 검은 연기를 뿜어냈다. 이내 토로이드와 각종 설비, 도면을 실은 배는 센강 속으로 가라앉았고, 새벽 공기에는 석탄과 연료가 타는 냄새가 뒤섞여 퍼져 나갔다.

마지막 미션

구스타브 에펠은 난간에 팔을 괸 채, 테오가 승리의 기쁨을 만끽할 틈을 주지 않았다.

"아직 끝난 게 아니네, 테오도르. 오늘 오후 세 시, 파리 시의회에서 이 탑의 운명을 가르는 토론이 열리네. 윈더모어의 계획은 막아냈지만, 이 아름다운 철탑이 철거되는 것을 막아야 할 마지막 싸움이 남아 있지."

그는 잠시 말을 고르고, 낮은 목소리로 덧붙였다.

"몇 시간이라도 눈을 붙여 기력을 회복하게. 오후 한 시에 1구, 튈르리 공원 맞은편 리볼리 거리 아케이드에서 만나세. 커피 한 잔 하며, 내가 그동안 준비해 온 에펠탑을 지켜낼 방안과 생각의 결실을 들려주겠네."

동이 완전히 트고 있었다. 그러나 테오에게 이 하루는, 이제 막 시작되고 있을 뿐이었다.

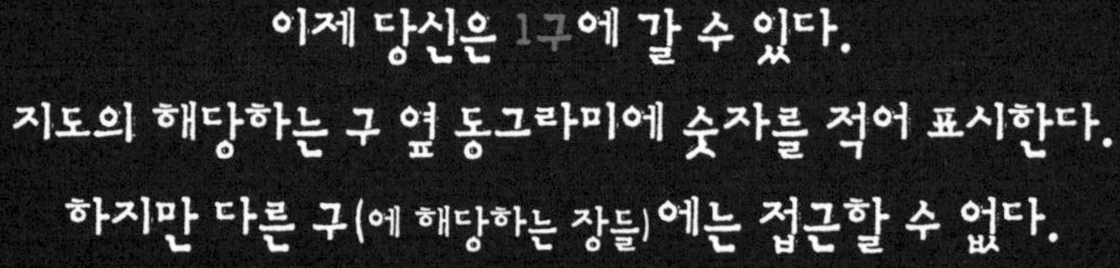

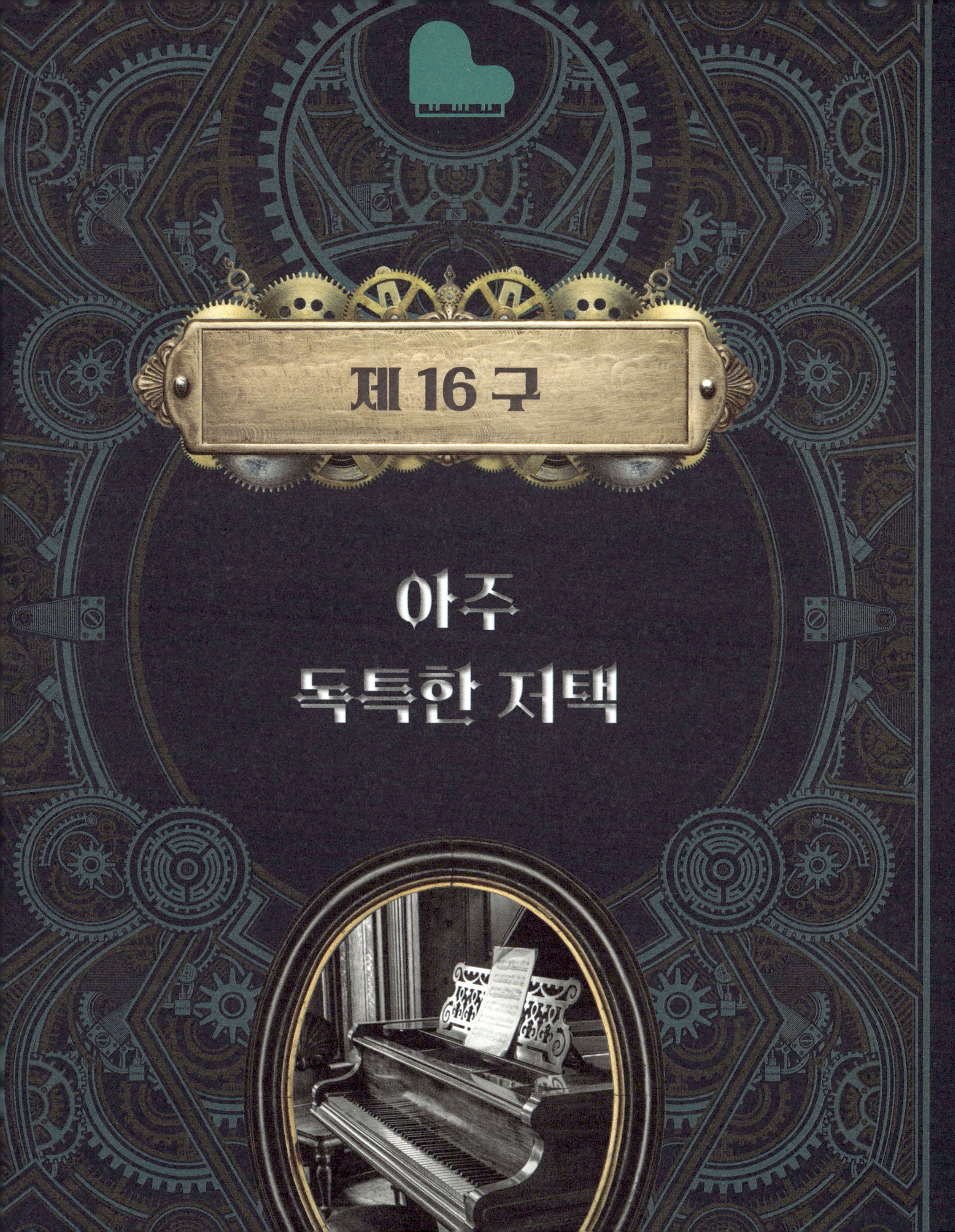

제 16 구
아주
독특한 저택

모든 특권을 누리는 사람들의 거리

불로뉴 숲 거리는 개선문에서 포르트 도핀까지 곧게 이어진다. 폭이 120미터가 넘는 이 대로는 파리에서 가장 넓은 길로, 프랑스 전역에서도 손에 꼽힐 만큼 압도적인 규모를 자랑한다. 자갈이 깔린 긴 산책로와 그 옆으로 이어진 넓은 녹지가 도로를 따라 드리워져 있어, 이곳은 오래전부터 파리 부르주아들이 가장 사랑해 온 산책로였다.

값비싼 옷을 차려입은 이들은 마차나 자동차, 자전거를 타거나 느긋이 걸어 대로 끝의 불로뉴 숲으로 가며, 그 길 위에서 손쉽게 부를 과시한다. 부자들에게 불로뉴 숲 거리는 자기 과시의 장이자, 특권을 누리는 무대다.

경비가 삼엄한 저택

테오는 윌리엄 호너가 윈더모어의 집이 16구 불로뉴 숲 거리 40번지에 있다고 말했을 때, 크게 놀라지 않았다. 늦은 밤, 상류층 저택들이 늘어선 거리는 마치 숨을 죽인 듯 고요했고, 가로등 불빛만이 길을 희미하게 비추고 있었다. 대로의 오른쪽 인도를 따라 걷던 그의 눈에 '40'이라는 숫자가 새겨진 철제 표식이 들어왔다. 윈더모어의 저택은 에트왈과 트로카데로 일대에 들어선 으리으리한 저택들 가운데 하나로, 높은 울타리와 잘 다듬은 정원, 촘촘한 관목들로 둘러싸여 있었다.

테오는 최대한 조심스럽게 담장 쪽으로 다가갔다. 정원 쪽에서 바람에 스치는 나뭇잎 소리와 가끔씩 들려오는 발소리 외에는 모든 것이 평온했다.

그때였다. 갑자기 검은 몰로스종 두 마리가 계단을 달려 내려오며 컹컹 짖어댔다. 테오는 순간 몸을 낮추고 담장 옆 그림자 속으로 몸을 숨겼다. 숨이 가빠지는 것을 억누르며, 그는 천천히 호흡의 리듬을 되찾으려 애썼다. 그의 머릿속에서는 도주 경로와 은폐 지점이 빠르게 계산되고 있었다. 지금은 움직일 때가 아니었다.

가택 침입 선수

테오의 예상은 정확했다. 개들은 으르렁거리며 그의 존재를 감지했지만, 그 반응은 오래가지 않았다. 그는 미리 준비해 둔 고기 조각을 재빨리 꺼내 철책 너머 정원 안쪽으로 던졌다. 그 고기에는 잠을 유도하는 약이 발라져 있었다. 개들은 냄새를 킁킁대며 고기를 삼키더니 이내 몸을 웅크리고 깊은 잠에 빠졌다. 테오의 계산으로는 적어도 30분 동안은 깨어나지 않을 터였다.

그는 서둘러야 했다. 개들이 깨어났을 때, 이 자리에 남아 있고 싶지는 않았다. 테오는 나무와 관목을 엄폐물 삼아 몸을 낮춘 채 앞으로 이동하며, 정면으로 모습을 드러낸 저택을 살폈다.

윈더모어의 집은 생각보다 훨씬 화려했다. 외벽 전체가 붉은 대리석으로 장식되어 달빛을 받아 은은하게 빛났고, 섬세한 부조와 둥근 기둥이 자리한 현관은 권위와 사치가 섞인 인상을 주었다. 창문은 모두 어둡게 닫혀 있었고, 정원 한쪽의 분수는 물소리조차 멈춘 채 얼어붙은 듯 고요했다. 집 안에는 불도, 인기척도 없었다.

테오는 잠시 발걸음을 멈추고 숨을 고르며 장갑 끈을 천천히 매만졌다. 그리고 발을 들이기 전, 주변을 한 번 더 훑어본 뒤 어둠 속으로 몸을 낮췄다.

테오는 저택 안으로 들어서자마자 2층 응접실로 향했다. 응접실은 매우 호화로웠다! 벽면은 과학과 예술을 찬양하는 부조들로 장식되어 있었고, 긴 회랑을 따라 회녹색의 내장재와 대리석이 우아하게 어우러진 넓은 식당으로 연결되어 있었다.

2층에서는 쓸 만한 자료를 하나도 얻지 못한 테오는 발소리가 나지 않도록 최대한 소리를 죽이며 중앙 계단을 타고 1층으로 내려갔다. 1층은 의외로 삭막한 느낌이었다. 그럼에도 그는 뜻하지 않은 누군가와 마주치지 않기 위해 한걸음 한걸음 조심스럽게 움직였다.

홀은 세련됨보다는 노골적인 부의 과시로 가득했다. 회반죽으로 매끈하게 마감한 벽과 화려한 거울, 대리석과 금장이 어우러진 장식품들, 각종 조각과 도자기가 공간을 채워 보는 것만으로도 숨이 막힐 지경이었다. 홀을 샅샅이 뒤졌지만 얻은 것은 없었다. 다시 테오는 방향을 틀어 건물 북쪽으로 이동하다가, 마침내 윈더모어의 개인 공간을 찾아냈다.

테오의 머릿속에 어제 낮 에펠의 저택이 자연스럽게 떠올랐다. 쓸만한 단서를 찾기 위해 침실과 응접실을 몇 분간 꼼꼼히 훑어보았지만, 그곳에서는 아무런 성과도 얻지 못했다. 그리고 지금, 그때와 비슷한 기운이 서재 안에 감돌고 있었다.

윈더모어의 서재는 웅장한 벽난로, 정원으로 트인 커다란 창문, 묵직한 원목 가구 등 모든 것이 무게감 있게 자리하고 있었다. 다만 방 한쪽을 차지한 거대한 그랜드 피아노 하나가 눈에 띄었다. 테오는 직감했다. 이 방, 바로 이 서재야말로 저택 전체에서 중요한 무언가를 찾을 수 있는 곳이라는 확신이 들었다.

윈더모어 회고록

테오가 곰곰이 생각해보니 이 서재는 여러 면에서 구스타브 에펠의 서재를 닮아 있었다. 벽난로와 정원을 향해 열린 큰 유리창, 중후한 가구들까지 거의 흡사했다. 단 하나, 분명한 차이가 있었다. 방 한쪽을 차지하고 있는 거대한 그랜드 피아노였다.

테오는 피아노 쪽으로 다가갔다. 가까이에서 살펴보자, 일곱 개의 흰 건반이 묘하게 엷은 색으로 칠해져 있는 것이 눈에 들어왔다. 그는 잠시 그 광경을 바라보다가, 이내 시선을 다른 곳으로 옮겼다.

피아노만이 전부는 아닐지도 몰랐다. 완벽하게 정돈된 육중한 떡갈나무 책상 위, 책받침대에 얹힌 두꺼운 붉은 가죽장정이 그의 눈을 사로잡은 것이다. 그는 조심스럽게 책을 집어 들고 표지를 읽었다.

제임스 H. 윈더모어 회고록

제임스 윈더모어의 자서전이었다. 그는 이 책 안에 자신을 드러내지 않은 단서가 숨어 있을지 모른다는 기대를 품고, 책장을 무심한 듯 넘기며 눈에 들어오는 문장들을 따라 읽어 내려갔다.

책에는 그의 학창 시절과 기업가로서의 성공, 그리고 정치적 야망이 장황하게 기록되어 있었다. 그러나 마법사를 추적할 만한 직접적인 단서는 보이지 않았다. 대신 점점 더 또렷해진 것은, 그가 품고 있는 거대한 야망의 윤곽뿐이었다.

여러 장에 걸쳐 그는 가족과의 유대 없이 스위스의 기숙학교에서 성장했으며, 오직 기술과 그 기술이 만들어낼 상업적 가치에만 몰두해 왔음을 강조하고 있었다. 권위적이고 카리스마 넘치는 그의 문체는 곳곳에서 '세계를 이롭게 할 수도, 지배할 수도 있다'는 식의 자기 확신으로 번져 나왔다.

책을 덮으려는 순간, 안표지에 적힌 한 줄의 짧은 문구가 테오의 시선을 붙들었다.

"나의 고향은 색칠한 음계에 적혀 있다."

의미를 쉽게 가늠할 수 없는 문장이었다.

그 글귀 바로 아래에는 다섯 개의 도형이 나란히 배치되어 있었다. 마치 문장에 덧붙인 부호처럼, 혹은 해독을 요구하는 열쇠처럼 보였다.

테오는 이 표시들을 보며, 머릿속으로 가능한 해석들을 점검했다. 색칠된 피아노 건반과 음계, 다섯 개의 도형, 그리고 윈더모어라는 인물의 성격이 맞물리면 어떤 비밀이 드러날까.

이 상징이 나타내는 키워드는 무엇인가?

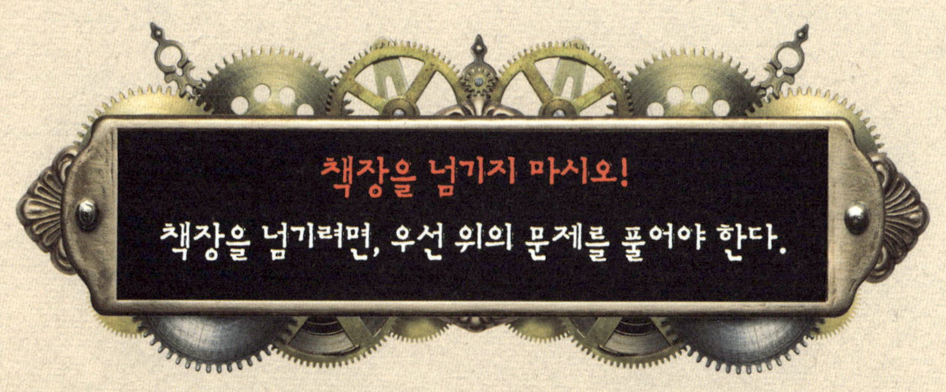

테오가 키워드가 가리키는 음계를 눌렀다. 그러자 '딸깍' 소리와 함께 피아노 옆면이 미끄러지듯 열리며 비밀서랍이 모습을 드러냈다.

서랍 안에는 보석과 무기명 채권, 값비싼 기물들이 어지럽게 뒤섞여 있었다. 한눈에 보기에도 화려했지만, 그것들은 모두 윈더모어의 부를 증명할 뿐, 마법사의 흔적을 곧바로 드러내 줄 단서는 아니었다. 다만 몇 장의 종이에 적힌 기묘한 상징과 알 수 없는 글자들의 조합이 눈에 들어왔다. 어쩌면 이것이 단서일지도 모른다!

테오는 서랍을 조심스레 닫고 시간을 확인했다. 윈더모어의 집에 들어온 지 거의 30분에 육박하고 있었다. 개들이 깨어나기 전에, 그는 서둘러 그곳을 떠나야 했다.

-WW- = E   -▷- = T   𝕀 = A

𝕀 = C   𝕀 = I   ∿∿∿ = S

이번 조사에서 얻는 정보를 통해
새로운 구로 이동할 수 없지만, 다른 구에서
유용하게 쓰일 것이다. 방심하지 말고
유용한 정보들을 다음을 위해 잘 기록해 두자.

제 17 구

마법사의 회사

델타기업이 자리한 마크-마옹 거리 29번지에 도착한 테오는 건물의 파격적이고 과감한 양식에 깜짝 놀랐다. 1층의 넓은 아케이드를 떠받치는 철제 골조 위로 채색한 도자기를 덧씌운 2층 유리창들이 돌출해 있어, 건물 전체가 마치 하나의 거대한 조각처럼 보였다.

테오는 채색 도자기의 표면에 가까이 다가가 살펴보았다. 유약이 반사하는 광택 사이로 숲과 강과 구름과 화산이 뒤섞인 초현실적 풍경이 펼쳐졌고, 그 모습은 오래된 그리스 서정시가 자연을 노래하던 장면을 떠올리게 했다.

그 과감한 장식은 단지 미적 선택을 넘어 델타기업의 정체성을 말하고 있는 듯했다. 테오는 잠시 서서 그 파편 같은 이미지들이 머릿속에 남기는 불온한 여운을 음미했다.

기회를 포착하다

벌써 밤 10시였다. 철세공 장식이 달린 유리 대문은 굳게 잠겨 있었고, 1층 아케이드는 굳게 닫힌 철책 때문에 외부에서 건물 안으로 들어가는 것은 불가능해 보였다.

테오는 도로 맞은편에 서서 한참 동안 기회를 엿보았다. 시간이 흐르고 시계는 어느덧 밤 11시를 넘겼다. 그때 건물 정문이 열리며 한 남자가 시계를 힐끔 보며 나와 걸음을 옮겼다. 아마도 야근하던 직원이 퇴근하는 것 같았다. 불쌍한 직원은 뒤늦은 귀가에 아내에게 엄청난 잔소리를 들을 것이라는 생각이 스쳐 갔다.

테오는 그 찰나를 놓치지 않고 도로를 재빨리 건너 문으로 다가갔다. 그리고 문이 완전히 닫히기 전, 그는 미끄러지듯 안으로 들어갔다.

홀 안의 도자기들

건물 로비는 수많은 도자기와 거대한 샹들리에로 화려하게 장식되어 있었다. 테오는 섬세하게 채색된 도자기들을 보며 자연을 노래한 그리스 서정시를 또다시 떠올렸다. 나무와 태풍, 화산 폭발, 드넓은 바다 풍광이 놀라울 만큼 정교하게 묘사되어 있었다.

테오는 문득 그것들이 단순한 풍경화가 아니라 우주의 네 원소를 상징하고 있음을 깨달았다. 불은 붉은빛으로, 흙은 초록으로, 물은 파란색으로, 공기는 노란색 안료로 표현되어 전체 장식이 하나의 상징적 서사를 이루고 있었다.

우주의 원소들

그때, 보라색으로 소용돌이치는 이상한 문양이 테오의 눈에 들어왔다. 그 소용돌이는 불·흙·물·공기 네 원소의 색채를 한데 모아 가운데로 빨아들이는 듯했는데, 설명하기 어려운 낯선 에너지가 느껴졌다.

문득 그는 고대 그리스 철학자들이 네 원소 위에 추가했던 다섯 번째 요소가 떠올랐다. 바로 '에테르'였다. 테슬라의 연구에 따르면 에테르는 전기 전도를 가능하게 한다. 그 깨달음과 함께 테오의 머리 속에는 하나의 확신이 자리했다. 여기가 바로 마법사와 그의 조직이 자리한 회사이며, 테오는 마법사의 회사에 제대로 들어왔다는 것이다.

테오는 로비 안쪽에 자리한 원형 계단을 조심스럽게 올랐다. 문득 사장실은 건물에서 가장 높은 지점에 놓이기 마련이라는 생각이 머릿속을 스쳤다. 그는 소리를 내지 않기 위해 발끝으로 계단을 밟으며 계속 위로 향했다. 층을 하나씩 오를수록 복도는 점점 더 고요해졌다.

마침내 일곱 번째이자 마지막 층에 도착한 그는 복도 끝에서 마침내 그토록 찾던 문을 발견했다. 문 앞에 박힌 금빛 글자가 어둠 속에서 은은하게 빛났고, 거기에 바로 그가 찾고 있던 이름이 새겨져 있었다.

은밀한 금고

테오는 열쇠구멍으로 안을 들여다보았다. 실내는 어두웠지만 가구들의 윤곽은 어렴풋이 드러나 있었고, 사람의 인기척은 전혀 느껴지지 않았다. 잠시 망설인 뒤 손잡이를 돌리자, 놀랍게도 문은 아무 저항 없이 열렸다. 문을 굳이 잠그지 않았다면 경우의 수는 둘뿐이었다. 사무실에 중요한 것이 없거나, 반대로 보안장치가 매우 철저하게 되어 있다는 것.

테오는 후자이길 바라는 마음으로 서랍과 책장을 샅샅이 뒤졌다. 책상과 책장을 샅샅이 살펴보고, 벽난로의 대리석판까지 힘껏 밀어보았으나 아무런 소득이 없었다.

마지막으로 그는 벽에 걸린, 여러 실험 장면을 묘사한 그림 앞에 섰다. 그림을 조심스럽게 들어 올리자, 놀랍게도 그 뒤에 숨겨진 금고가 모습을 드러냈다.

알 수 없는 기호

테오는 금고 안에 회사의 기밀문서나 마법사의 도면 같은 결정적 증거가 들어 있을 것이라 확신했다. 그것을 확인하려면 금고를 열어야 한다. 금고에는 글자가 적힌 회전판이 달려 있었고, 그 회전판을 올바르게 맞춰야 문을 열 수 있을 것이다. 금고를 여는 키워드는 무엇일까?

그는 떼어낸 그림의 뒷면을 살폈다. 그곳에는 기묘한 기호들이 찍힌 바둑무늬판과 낡은 손글씨로 적힌 메모 한 장이 놓여 있었다. 바둑무늬판의 기호들은 숫자나 문자 같기도 하고, 색을 표시하는 표식 같기도 했다. 메모에는 단서임을 암시하는 짧은 문구가 적혀 있었지만, 바로 키워드를 유추할 수 있을 만큼 명확한 것은 아니었다.

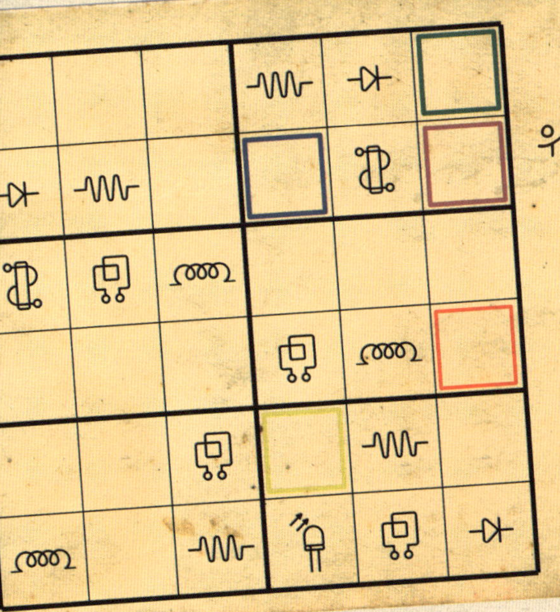

테오는 가만히 앉아 머릿속에서 지금까지 모은 단서들을 하나씩 대조해 보았다. 회고록의 기호, 피아노 건반의 색칠, 서랍 속의 기묘한 문양, 그리고 방금 발견한 바둑무늬판. 그러나 지금 손에 든 것만으로는 금고를 열 키워드를 확신하긴 어려웠다. 분명 건물 어딘가에, 이 퍼즐을 완성해 줄 다른 실마리가 숨겨져 있을 것이었다.

이 상징이 나타내는
키워드는 무엇일까?

책장을 넘기지 마시오!
책장을 넘기려면, 우선 위의 문제를 풀어야 한다.

델타기업의 비밀

테오는 금고의 회전판을 돌려 I-S-A-A-C을 맞추던 중, 문득 벽에 걸린 그림 속 인물이 눈에 들어왔다. 광학과 천문학 실험에 몰두한 물리학자의 얼굴. 익숙함이 스쳤다. 그가 바로 뉴턴임을 알아차리는 순간, 마지막 글자를 맞춘 손끝에서 덜컥 하는 소리가 울리며 금고문이 열렸다.

예상대로 금고 안에는 델타기업의 회계장부와 소송 기록, 추징 세액 명세서 등 기업의 민감한 문서들이 빽빽하게 들어 있었다. 테오는 마법사와의 연결고리를 찾기 위해 서류들을 빠르게 훑었다. 시간이 십 분쯤 흘렀을 때, 한 장의 문서가 그의 시선을 붙들었다. 19구 빌레트 독의 대형 창고 매입에 관한 공증서였다.

바르도 궁전이 마법사의 연구소라면, 빌레트의 그 창고는 분명 테슬라탑 복제품을 조립하는 작업장이자, 발전소에서 빼돌린 토로이드들을 수송선에서 내려 보관해 온 거점일 터였다. 지체할 시간은 없었다. 테오는 곧장 파리 북동부, 19구로 향할 준비를 마쳤다. 퍼즐의 다음 조각이 그곳에서 기다리고 있다.

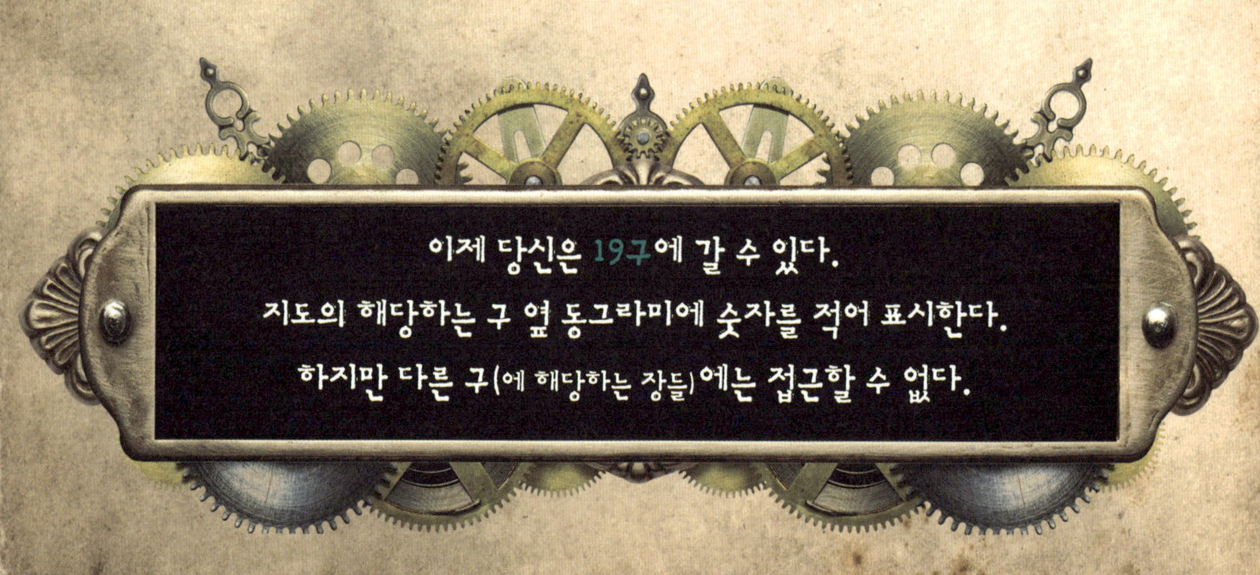

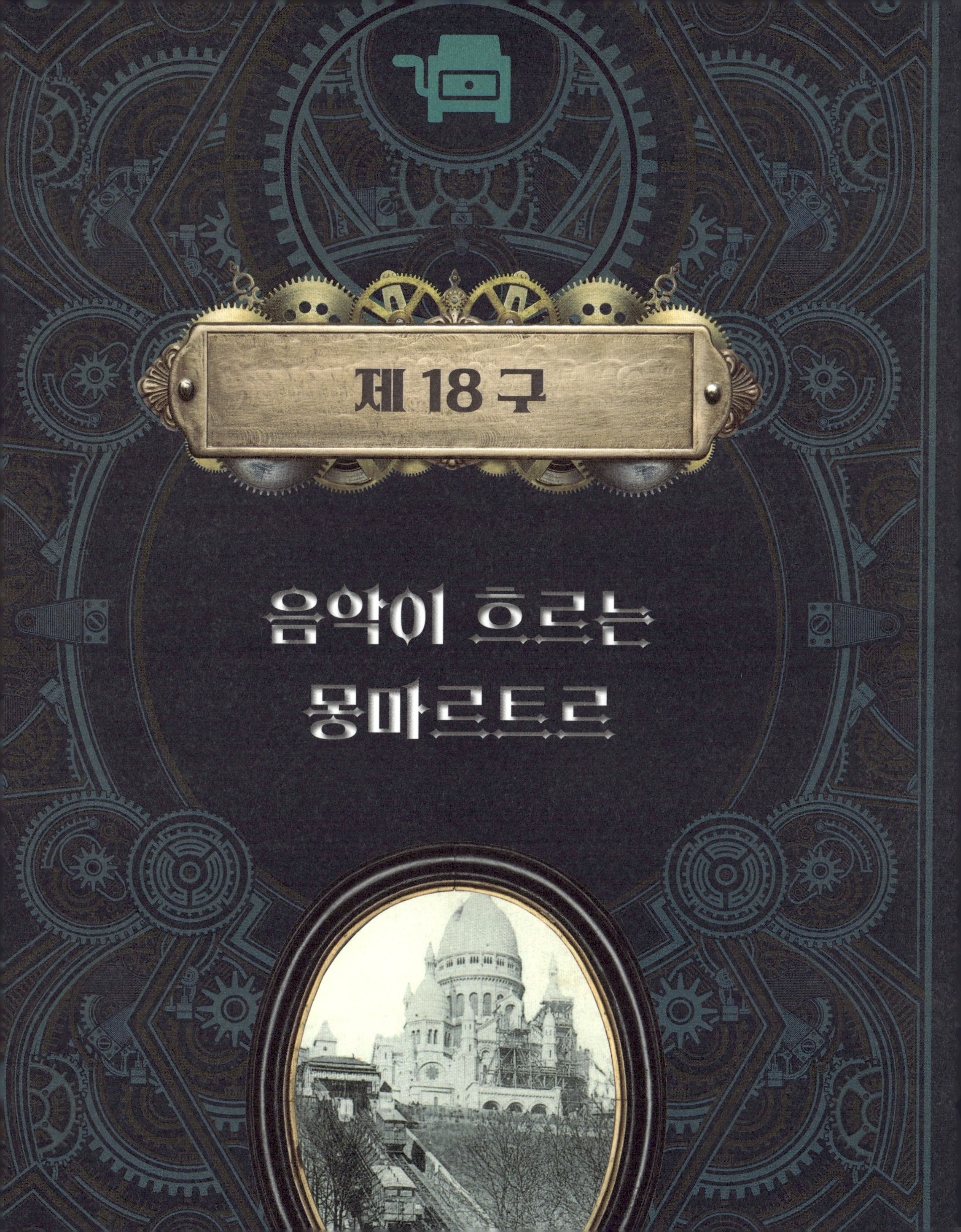
제 18 구
음악이 흐르는
몽마르트르

저녁 8시가 조금 안 된 시간, 테오는 몽마르트르 언덕으로 오르는 케이블카 정류장에 도착했다. 이틀 동안 파리 전역을 발로 누비며 움직인 탓에, 이제는 더 이상 걸을 필요가 없다는 사실만으로도 안도의 숨이 나왔다. 몽마르트르의 케이블카는 1900년부터 운행을 시작했다. 작동 원리는 단순하면서도 묘했다. 서로 마주 선 두 대의 카트가 평형의 원리에 따라 오르내리는 방식이다. 위쪽에 도착한 카트의 바닥에 달린 커다란 통에 물을 채우면 무게가 실려 아래로 내려가고, 그 반작용으로 아래에 있던 카트가 자연스럽게 위로 끌려 올라간다. 기계라기보다, 물과 중력이 만들어내는 장치에 가까웠다.

케이블카가 출발하자 테오는 창가로 몸을 기울여 파리의 중심가를 내려다보았다. 카트가 중간 지점에 이르렀을 때, 반대편에서 내려오는 케이블카가 스쳐 지나갔고, 그 순간 그는 자신이 이미 도시의 지붕선 위로 올라왔음을 실감했다. 2분쯤 지나 테오는 높이 약 50미터의 몽마르트르 대성당 앞에 내렸다.

파리 전경

테오는 대성당을 등지고 서서 생 피에르 광장으로 이어진 돌난간에 양손을 얹었다. 그 순간, 발아래로 펼쳐진 도시가 마치 자신의 시야 안에 온전히 들어온 듯한 기분이 들었다.

그제야 그는 구스타브 에펠이 왜 이곳을 축하의 장소로 택했는지 이해할 수 있었다. 파리에서도 손꼽히는 높은 지점에서 마주한 풍경은 굳이 말을 보태지 않아도 충분히 사람을 압도했다. 테오는 끝없이 이어진 회색빛 지붕들을 따라 시선을 보내며, 서서히 기울어 가는 해를 가만히 지켜보았다. 노트르담과 팡테옹, 소르본의 지붕을 차례로 눈에 담은 뒤, 시선을 오른쪽으로 옮기자 루브르와 생 쉴프스의 윤곽이 파리의 하늘 아래 또렷이 드러났다.

남서쪽 끝에는 에펠탑이 마르스 광장을 굽어보며 서 있었다. 그것이 이 도시의 영원한 좌표처럼 보였다.

에펠은 약속시간보다 조금 늦게 도착했다.

"늦어서 미안하네, 테오도르. 예상보다 기자들의 질문이 길어졌네. 유명세라는 게, 어쩔 수 없더군."

"괜찮습니다, 선생님. 덕분에 멋진 광경을 보고 있었습니다."

"정말 멋지지, 그렇지? 파리를 지키는 에펠탑이 없었다면, 우리 둘이 이런 광경을 함께 볼 기회는 없었을 걸세. 테오도르, 다시 한 번 말하네. 동료로서, 친구로서 진심으로 고맙네. 지난 이틀 동안 나와 파리를 위해 자네가 해준 일은 평생 잊지 않겠네!"

에펠은 다정한 아버지 같은 미소를 지으며 테오의 어깨에 손을 얹었다. 둘은 말없이 저무는 도시를 한동안 응시했다. 멀리 불빛들이 하나둘 켜지며 파리의 윤곽이 부드럽게 나타났다. 테오는 가슴속이 따뜻해지는 것을 느끼며, 자신이 해낸 일이 결코 헛되지 않았음을 새삼 실감했다.

아이의 심부름

두 사람이 파리의 야경을 바라보고 있을 때, 골목 쪽에서 한 아이가 조심스럽게 다가와 에펠에게 작은 나무 상자를 건넸다.

"선생님, 저 밑에 있는 사람이 선생님께 이걸 전해드리래요."

아이의 목소리가 미세하게 떨렸다. 에펠은 잠깐 고개를 숙여 아이의 눈을 바라본 뒤, 동전을 하나 건넸다.

"고맙다, 얘야. 이 동전 받거라."

아이는 동전을 꼭 쥔 채로 몽마르트르의 구불구불한 골목 속으로 사라졌다. 테오와 에펠은 서로의 얼굴을 힐끗 바라본 뒤, 광택이 도는 작은 나무 상자를 살펴보았다.

특이한 음악상자

테오는 상자를 이리저리 돌려 보았고, 에펠은 앞면의 작은 걸쇠를 당겨 조심스럽게 뚜껑을 열었다.

그 순간, 톱니바퀴 장치가 부드럽게 움직이기 시작했다. 기계 속에서 음악이 흘러나오며, 높이 5센티미터 남짓한 작은 에펠탑 모형이 축을 중심으로 천천히 회전했다. 음악의 박자에 맞춰, 양옆에서는 실크햇을 쓴 두 개의 남자 인형이 기묘한 춤을 추고 있었다.

테오는 어리둥절한 표정으로 에펠을 바라보았다.

"이건… 불가능한 일 아닙니까, 선생님? 제발 제 생각이 틀렸으면 좋겠어요. 제임스 윈더모어가 이 음악상자를 보냈다니요. 그는 340미터 높이의 에펠탑에서 떨어졌습니다. 누구도 살아남을 수 없지 않습니까?"

에펠은 천천히 회전하는 작은 에펠탑을 오래도록 바라보다가, 마침내 중얼거리듯 말했다.

"하지만 나는 이렇게 살아 있지 않나."

마법사의 부하들이 일부러 에펠을 혼란에 빠뜨리려 한 것은 아닐까? 윈더모어가 오래전부터 이런 상황을 미리 준비해둔 것은 아닐까? 테오는 꼬리에 꼬리를 무는 생각에 잠겨 있었다.

그때 구스타브 에펠이 상자 뒤편에서 아주 작은 뚜껑 하나를 발견했다. 어떻게 열어야 할지 몰라 두 사람은 잠시 서로의 얼굴을 바라보며 머뭇거렸다. 이내 에펠이 상자를 더 가까이 끌어당겨 뚜껑을 자세히 살폈다. 옆면에는 미세한 톱니바퀴 하나가 달려 있었고, 내부의 기계 장치에서는 모든 톱니들이 마치 이중으로 겹쳐진 듯 맞물려 있었다.

모든 톱니바퀴가 이중이라고? 진짜?

책장을 넘기지 마시오!
책장을 넘기려면, 우선 위의 문제를 풀어야 한다.

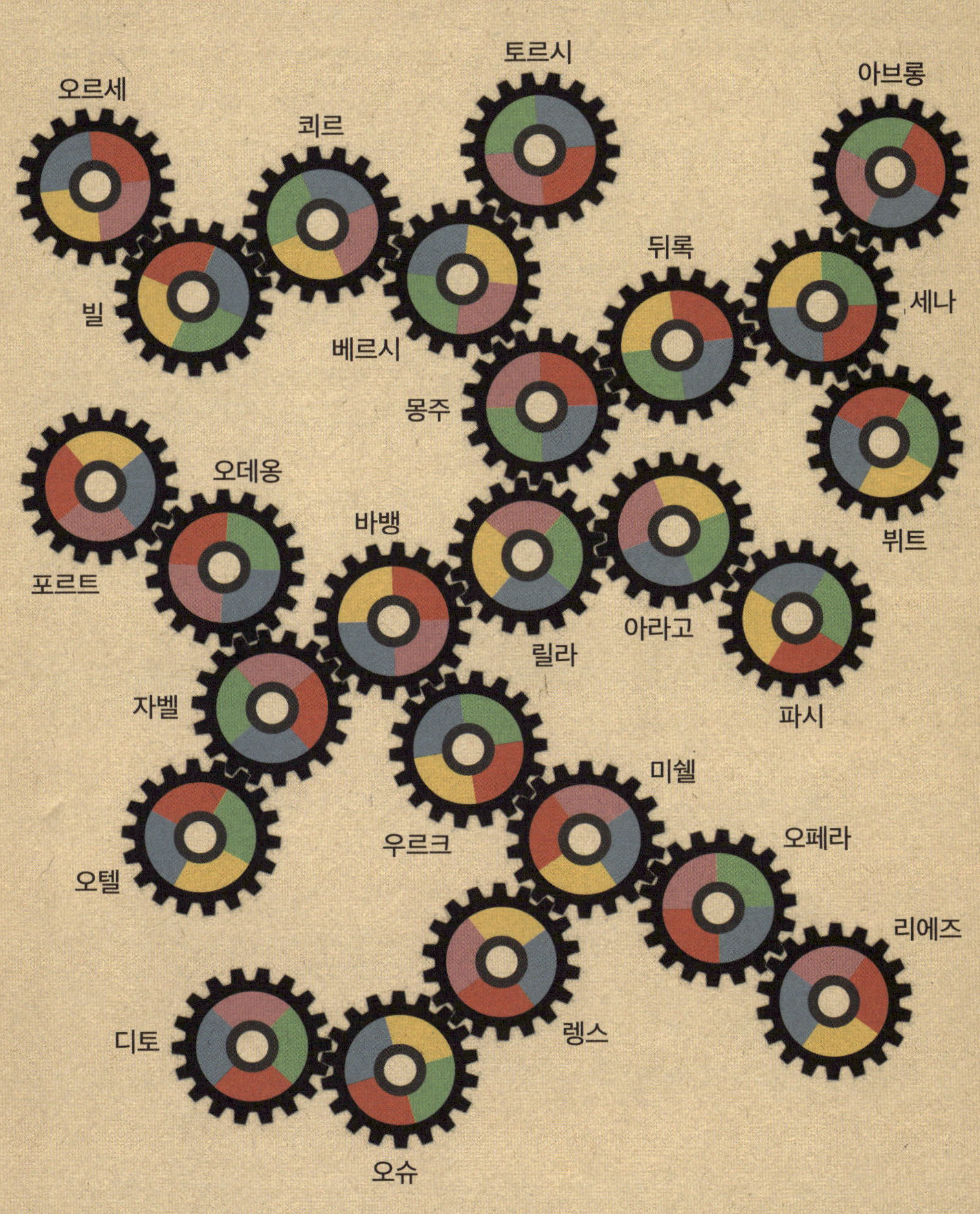
오르세
쾨르
토르시
아브롱
빌
베르시
뒤록
세나
몽주
포르트
오데옹
바뱅
아라고
뷔트
자벨
릴라
파시
오텔
우르크
미쉘
오페라
리에즈
디토
렝스
오슈

　　테오가 짝이 없는 톱니를 누르자 음악은 즉시 멎었다. 상자 뒷면의 작은 뚜껑이 '딸칵' 소리를 내며 열리자, 안에서 또 하나의 상자가 튀어나왔다. 그 상자 속에는 돌돌 말린 종이 한 장이 들어 있었다. 에펠이 그것을 조심스럽게 꺼내 펼쳐 내용을 읽었다.

친애하는 구스타브,

최근 며칠 동안 자네가 얼마나 고생했을지 짐작하고도 남는다. 그리고 자네가 나를 조금도 높이 평가하지 않는다는 사실 역시 잘 알고 있지. 그렇다 해도, 우리 사이에는 분명한 공통점이 하나 있다. 바로 우리 둘 다 각자의 방식으로 세상을 지배하고 싶어한다는 점이다.

에펠탑을 세우면서 자네가 원한 것은 인정과 명성이었지. 자네는 그것을 확실히 쟁취했다. 불과 몇 년 만에 그토록 거대한 탑을 세웠고, 세상의 뛰어난 건축가와 기술자들의 질투를 불러일으켰다. 게다가 사업적 성공도 확고히 거두었으니, 자네의 탑은 곧 역사가 되었고, 자네 자신도 역사로 남았다.

이제는 내가 영광과 권력을 꿈꾼다. 그 사실을 숨기지 않겠다. 자네라면 내 대담함과 혁신의 정신을 이해할 수 있으리라 믿는다. 내가 무엇을 원하는지, 자네는 이미 알고 있지 않은가.
바로 이 세상을 지배하는 것이다. 내 손으로 세상을 움켜쥐는 것. 그 목표를 위해 타인의 재능과 과학의 진보를 이용하는 일쯤은 아무런 거리낌도 없다.

나는 언젠가 세상을 지배할 것이다. 아무도 내 길을 막을 수 없다. 자네가 누구도 말리지 못할 만큼 거대한 에펠탑을 세웠을 때처럼 말이다.

구스타브, 자네와 나는 닮았다. 완벽한 균형 속에서 맞물려 돌아가는 정교한 기계장치의 두 톱니바퀴처럼, 우리는 서로 쌍을 이루는 존재다.

자네의 충성스러운 숭배자,
제임스 H. 원더모어

테오는 편지가 진짜인지 끝내 확신하지 못한 채, 그 과대망상적인 문장들을 세 번이나 다시 읽었다. 문장 하나하나가 집요하게 달라붙어 머릿속을 맴돌았다.

구스타브 에펠은 더는 참지 못하고 편지를 낚아채 갈기갈기 찢었다. 찢긴 종잇조각들은 창밖으로 던져졌고, 바람을 타고 파리의 지붕 위를 가로질러 흩어졌다. 조각들은 서로를 붙잡지 못한 채, 수평선 너머로 천천히 사라져 갔다.

잠시 후, 어둠이 짙어진 도시를 밝히려는 듯 에펠탑에 불이 켜졌다. 철골 사이로 스며든 빛은 파리의 윤곽을 부드럽게 드러내며, 강과 거리, 지붕과 사람들의 밤을 조용히 감싸 안았다. 그 빛 아래에서 도시는 다시 제자리를 찾고 있었다.

파리는 여전히 살아 있었고, 에펠탑은 그 중심에서 조용히 서 있었다.

Bravo !

자, 이젠 당신의 모험도 끝났다.

180쪽 에필로그로 갈 수 있다.

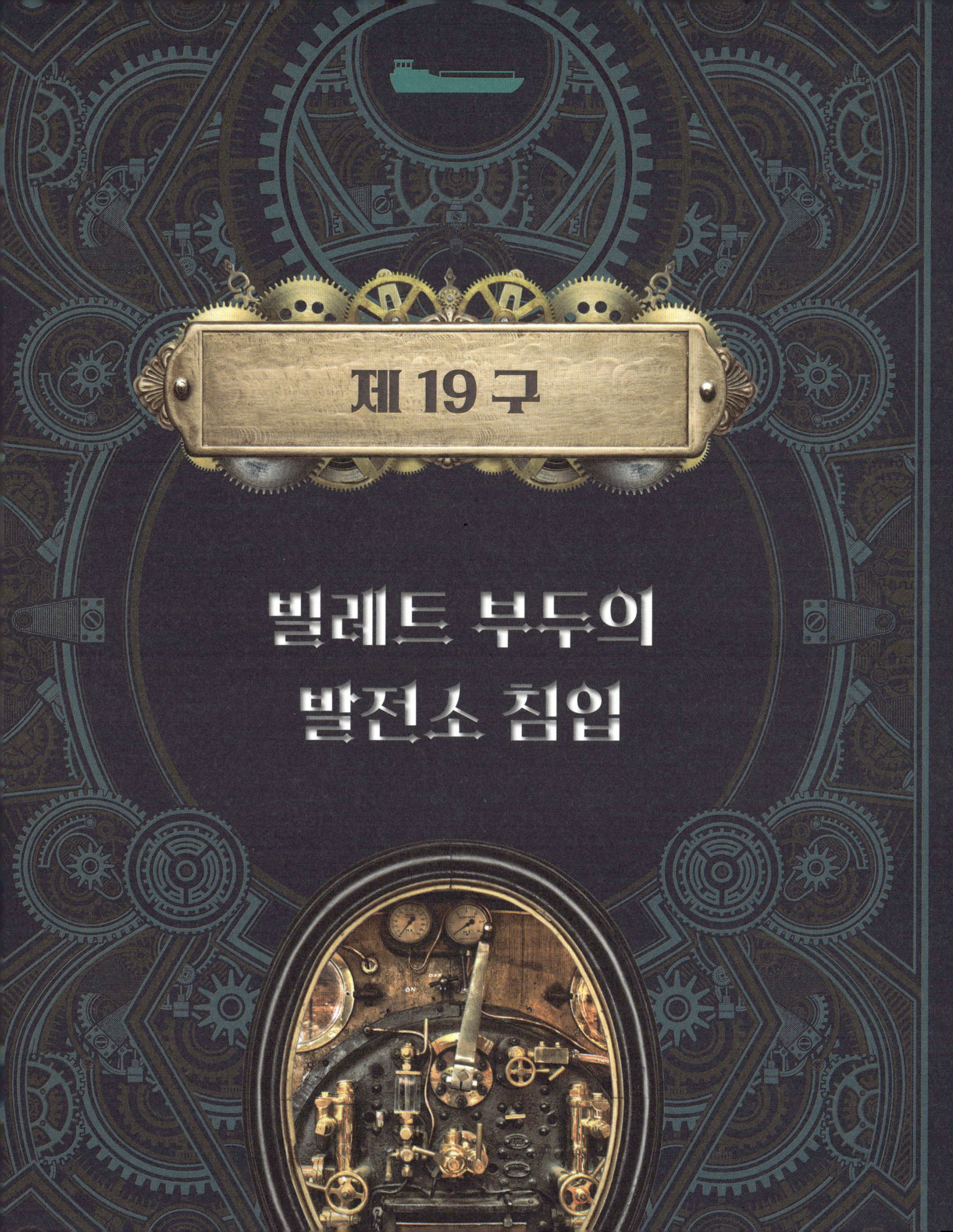
제 19 구
빌레트 부두의
발전소 침입

테오가 빌레트 부두에 도착했을 때는 이미 자정이 한참 지난 시각이었다. 낮이면 항구 특유의 소음과 수송선들의 분주한 왕래로 생기가 넘치던 곳이지만, 밤의 빌레트는 전혀 다른 얼굴을 하고 있었다. 불이 꺼진 부두는 쥐들의 놀이터가 되어 있었고, 포장된 길 위에는 버려진 쓰레기들이 흩어져 어수선한 인상을 남겼다. 달빛마저 희미한 오늘 같은 밤이면, 곳곳에 스며든 기름 냄새가 더욱 진하게 코를 찔렀다.

루르크 수로와 생드니 수로, 생 마르탱 수로가 만나는 이 부두는 한 세기 전부터 파리의 물길을 지탱해 온 요충지였다. 지난 20여 년간 항로가 넓어지고 정비되면서 선박의 통행이 한층 수월해졌고, 그 결과 강둑을 따라 거대한 창고들이 줄지어 들어섰다.

대형 창고들이 들어서자 빌레트는 순식간에 파리의 새로운 화물 집산지로 자리 잡았다. 여기에 더해, 조금 북쪽의 루르크 수로 인근에는 대규모 도살장과 가축시장이 조성되며 낮 동안의 활기를 더욱 부풀렸다. 그러나 지금 이 시간의 빌레트는, 그런 번잡함이 모두 빠져나간 뒤의 텅 빈 껍질처럼 고요했다.

원더모어가 매입한 건물은 1878년 박람회 당시 세워진 금속 골조의 대형 창고들 가운데 하나임이 분명해 보였다. 보다 정확한 위치를 파악하기 위해 테오는 수로 위에 놓인 인도교로 올라갔다. 이 다리는 에펠의 강력한 경쟁자 중 한 명이었던 아르망 브와상이 건설한 것으로, 길이가 15미터에 달했다. 바람이 불 때마다 철골이 가볍게 떨리는 소리와, 멀리서 들려오는 부두의 기계음이 뒤섞여 빌레트의 밤은 묘하게 살아 있는 듯한 기운을 풍겼다.

인도교 한가운데에 선 테오는 아래를 내려다보며 센 강변을 따라 늘어선 거대한 창고들을 천천히 훑었다. 그러다 그중 하나의 지붕 철물 골조에서 흰색 페인트로 찍힌 표식을 발견했다. 그리스 문자 삼각형, 델타를 뜻하는 기호였다. 희미한 빛을 반사하는 그 표식을 보는 순간, 테오는 자신이 마침내 정확한 장소에 도착했음을 확신했다.

테오는 창고 쪽으로 발걸음을 옮기며 진입로를 살폈다. 그러나 눈에 띄는 출입구는 보이지 않았다. 한참을 맴돌던 중, 약 10미터쯤 떨어진 곳에서 유니폼 차림의 노동자 세 명이 창고 안에서 나오는 모습을 목격했다. 테오는 즉시 건물 모퉁이 뒤로 몸을 숨기고 숨을 죽였다.

그때 그의 시야에 오래된 사다리 하나가 들어왔다. 사다리를 이용하면 센 강변 쪽 지붕으로 올라갈 수 있을 듯했다. 높이는 대략 10미터 남짓. 순간 머릿속을 스친 망설임은, 누군가 자신의 쪽으로 다가오는 발소리에 의해 단숨에 사라졌다. 테오는 더 생각하지 않고 재빨리 사다리에 몸을 실었다.

전망 좋은 지붕

테오는 지붕 위에 올라 유리창 너머로 창고 안을 살폈다. 위에서 내려다보니 건물의 규모가 한눈에 들어왔다. 그가 올라선 창고는 길이 백 미터가 넘고 폭도 삼십 미터에 달하는 대형 구조물이었다. 한밤중임에도 내부는 놀랄 만큼 활기로 가득 차 있었다.

작업복을 입은 수십 명의 사람들이 분주히 움직이고 있었다. 용접 불꽃이 간헐적으로 튀었고, 철근을 리벳으로 고정하는 소리와 망치질이 울려 퍼졌다. 중앙부에서는 분명 과학자라 불러야 할 이들이 토로이드를 조심스럽게 다루고 있었고, 그 주변을 기술자들이 바짝 에워싸고 있었다.

그 와중에 단 한 사람만이 다른 속도로 움직이고 있었다. 키가 큰 남자가 두 손을 등 뒤로 한 채, 느긋하게 창고를 가로질렀다. 용접 상태를 살피고 배선을 점검하다가, 필요할 때만 짧은 지시를 내렸다. 그가 바로 윈더모어였다. 이곳에서 최종 작업이 이루어지고 있다는 사실은 더 이상 의심의 여지가 없었다.

불법 침입

그때였다. 창고 안의 움직임이 순간적으로 어수선해지더니, 마법사가 문득 고개를 들어 지붕 쪽을 바라보았다. 테오는 반사적으로 몸을 굴려 기둥 뒤로 숨어들었다. 숨을 죽인 채 몇 분을 버틴 뒤, 그는 다시 조심스럽게 고개를 내밀었다. 다행히도 내부에는 별다른 변화가 없었다. 사람들은 여전히 작업에 몰두하고 있었고, 윈더모어 역시 지시를 이어가고 있었다.

테오는 더 오래 지붕 위에 머물 수 없다고 판단하고, 창고 안으로 진입할 방법을 찾기 위해 신중하게 움직이기 시작했다. 천천히 이동하던 그는 몇 미터 떨어진 곳에서 2층의 작은 방으로 이어지는 유리창을 발견했다. 그는 조심스럽게 창문을 들어 올리고 안으로 몸을 밀어 넣었다. 방으로 들어가 보니 그곳은 창고 전체를 내려다볼 수 있는 감독 사무실이자 기계실이었다. 구석에는 맹꽁이 자물쇠가 채워진 금속 캐비닛이 놓여 있었다. 자물쇠는 다섯 글자의 알파벳을 정확히 맞춰야 열리는 구조였다.

테오는 금속 캐비닛 앞에 몸을 낮추고, 표면을 자세히 들여다보았다. 어둠에 가려 잘 보이지 않았지만, 각도를 바꾸자 금속 위로 아주 얕게 새겨진 글자들이 어렴풋하게 보이기 시작했다. 확실한 것은 하나였다. 이 문장을 해독하지 않는 한, 다섯 글자 키워드를 맞출 방법은 없었다.

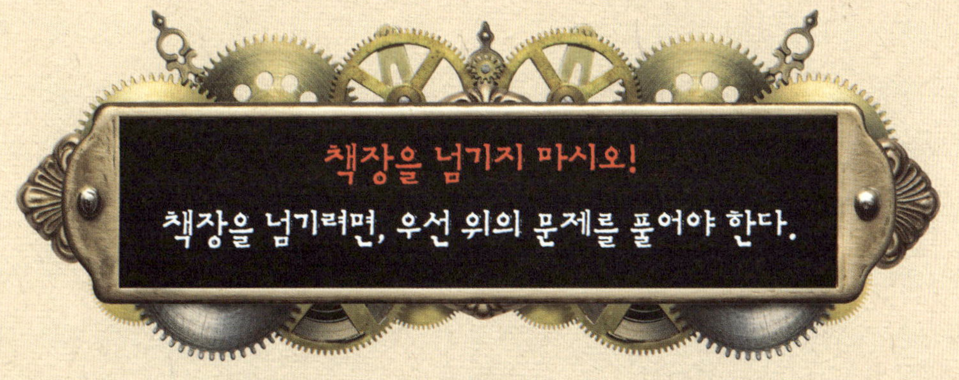

위의 문장이 의미하는 것은 무엇인가?

마법사와 마주치다

테오는 해독에 성공해 금속 캐비닛에 걸린 맹꽁이 자물쇠를 풀었다. 캐비닛 안에는 글씨가 빽빽하게 적힌 파리 지도가 들어 있었다. 이 지도에 마법사의 다음 계획을 꿰뚫어볼 수 있는 결정적인 단서들이 담겨 있을 것이다!

그러나 기쁨은 오래가지 못했다. 지도를 주머니에 넣고 지붕의 창문을 통해 빠져나가려는 순간, '끼익' 하고 문이 열리는 소리가 났다. 문 틈새로 마법사의 그림자가 길게 드리워졌다.

생각할 겨를도 없이 테오는 머리를 앞으로 내밀어 마법사에게 일격을 가했다. 예기치 못한 공격에 마법사는 균형을 잃고 뒤로 넘어졌다. 테오는 그 틈을 놓치지 않고 철제 계단을 뛰어 내려 창고 입구를 향해 전력으로 달렸다.

뒤에서 마법사가 벌떡 일어나 고함을 질렀다.

"잡아라! 못 잡으면 그냥 죽여라!"

노동자들과 경비들이 우르르 쫓아오는 소리가 들렸다. 테오는 열린 문을 통과해 밖으로 뛰쳐나왔고, 곧바로 강변을 향해 내달렸다. 그 순간, 귀를 찢는 파열음과 함께 총성이 '휘익' 하고 귓전을 스쳤다. 남은 탈출구는 하나뿐이었다. 테오는 망설임 없이 어두운 물속으로 뛰어들었다.

야간 수영

테오는 차가운 강물 속에서 숨을 참고 버티며, 정박해 있는 배를 은폐물 삼아 간간이 고개를 내밀어 공기를 들이켰다. 강가에서는 마법사의 부하들이 수색을 벌이는 소리가 희미하게 들려왔지만, 다행히 그의 위치는 들키지 않았다. 테오는 가능한 한 잠영을 유지한 채, 어둠에 섞인 물결을 타고 크리메 거리의 승개교 쪽으로 조심스럽게 헤엄쳐 갔다.

마침내 연안에 다다른 그는 물가에 몸을 기댄 채, 허벅지까지 젖은 상태로 간신히 육지로 올라섰다. 강변은 사람의 그림자 하나 없이 적막에 잠겨 있었다. 떨리는 손으로 주머니에서 꺼낸 파리 지도는 물에 흠뻑 젖어 반들거렸지만, 놀랍게도 잉크는 번지지 않아 글씨를 판독할 수 있었다. 지도를 펼치자, 한 구역에 동그라미로 표시된 지점과 함께 짧은 문구가 눈에 들어왔다.

'15구 파시교 - 4월 15일, 5시'

의미는 분명했다. 불과 네 시간 뒤, 마법사는 마르스 광장에서 수백 미터 떨어진 파시교 연안으로 장비를 옮겨, 에펠탑을 테슬라탑으로 바꾸는 최종 작업을 실행할 계획이었다. 시간이 촉박했다.

이제 당신은 15구에 갈 수 있다.
지도의 해당하는 구 옆 동그라미에 숫자를 적어 표시한다.
하지만 다른 구(에 해당하는 장들)에는 접근할 수 없다.

붉은 소년단의 소굴

테오는 운전사에게 20구의 메닐몽탕로로 가자고 지시했다. 자동차 회사 장부에 따르면, 구스타브 에펠이 실종되기 전 그를 습격한 괴한이 마지막으로 숨어들었던 곳이 바로 그 길이라고 했다. 그 인물을 찾으면 많은 단서를 얻을 수 있으리라 예상했다.

가난한 동네가 그러하듯, 메닐몽탕로에도 수공업자와 일용직 노동자들, 뒤틀린 거래에 손을 대는 이들이 모여 살고 있었다. 희뿌연 연기 속으로 노점상들이 하루 장사를 정리하고, 길바닥에는 담배꽁초와 시가껍질을 주워 모으는 노숙자와 부랑자들이 어슬렁거렸다. 전기와 상하수도가 들어오지 않는 집들이 대부분이라, 이곳의 건물들은 조만간 철거 대상이 될 처지였다.

아침에 만난 차고 책임자 데자르댕은 이곳을 '부랑자들의 놀이터'라 불렀고, 파리에서도 가장 위험한 무리들이 모여 산다며 가능한 한 가까이 가지 말라고 경고했다. 그의 말처럼, 한눈에 봐도 조심스럽게 처신하지 않으면 안 될 곳이었다.

붉은 소년단의 정체

몇 년 전부터 파리의 주요 일간지들은 '붉은 소년단'이라 불리는 젊은 불량배 조직에 관한 소식으로 지면을 채웠다. 대체로 열다섯에서 스무 살 안팎의 소년들이 중심인 이 집단은 낮이면 거리를 어슬렁거리며 중앙대로에서 경쟁 갱단과 난투를 벌이거나, 가게를 습격해 금품을 갈취하고, 지나가는 사람들

의 지갑과 장신구를 낚아채는 식의 범죄를 일삼
았다. 해가 지면 이들은 바스티유 쪽 선술집—현
지인들은 '바스토쉬'라 부른다—으로 흩어져 술
을 퍼마시고, 때로는 여자들과 뒤섞여 밤거리를
활보했다.

　최근 몇 달 사이 붉은 소년단은 세를 빠르게
불려 파리 최대의 깡패 조직으로 자리매김했다.
그 배경에는 실업과 빈곤, 도시 변두리 청년층의
소속감 결핍 같은 사회적 문제가 깔려 있었다.
부모의 보호를 받지 못하거나 일자리를 구하지
못한 청년들이 쉽게 조직에 흡수되었고, 한두
차례의 소소한 '성공담'이 입소문을 타면서 신
규 구성원이 끊이지 않았다.

언론도 이 현상을 부추겼다. 신문
사들은 붉은 소년단의 잔혹한 난투
와 선정적 사건들을 크게 부각시키며
독자의 이목을 끌었고, 그런 기사들
은 곧바로 판매 부수 증가로 이어졌
다. 연재소설을 즐기던 독자층은 현
실과 픽션의 경계를 흐리게 만드는
과장 보도에 열광했고, 그 여파로 붉
은 소년단은 오히려 더 넓은 주목을
받으며 일종의 '아이콘'처럼 떠올랐
다. 그 결과 폭력과 선정성이 서로를
먹여 살리는 악순환이 도심 곳곳
에서 반복되고 있었다.

붉은 소년단의 심문

테오는 마침내 메닐몽탕 거리 118번지 앞에 섰다. 그런데 열여덟쯤 되어 보이는 한 청년이 건물 입구를 가로막고 서 있었다. 모자를 눌러 쓰고 허리에는 빨간 머플러를 둘렀으며, 꽉 끼는 윗옷에 구레나룻을 길러 놓은 모습이었다. 의심할 여지없이 붉은 소년단의 본거지가 틀림없었다.

청년은 곧바로 테오를 노려보며 목소리를 높였다.

"이봐, 여기서 뭘 하는 거야? 너 짭새냐?"

"나는… 뭐라고요?"

"짭새, 경찰 말이야. 경찰이냐고!"

"아니요, 전 절대 경찰 아닙니다."

테오는 목소리를 낮추며 임기응변을 발휘했다.

"저는 소형차 회사에서 일합니다. 며칠 전 이 근처를 지나가던 분이 제 차에 서류를 두고 내리셨어요. 그 서류를 돌려드리려고 왔습니다."

"그냥 나에게 줘. 내가 만나면 전해줄 테니."

테오는 침착하게 한 발짝 뒤로 물러서면서도, 납득시키려는 태도로 말을 이었다.

"그럼 그냥 제가 직접 전달하겠습니다."

청년의 표정이 한순간 굳었다. "그게 말이 되나? 여기선 함부로 남 손에 물건을 맡기지 않아."

"회사 규정상, 습득물은 본인에게 직접 전달하고 수령 확인을 받아야 합니다. 그렇지 않으면 문제가 생길 거예요."

청년은 잠깐 생각하는 듯 고개를 갸웃했다. 주위에서 다른 몇몇 청년들이 관심 있게 눈치를 보았다. 분위기는 여전히 위태로웠지만, 테오의 말이 그럴듯하게 들린 모양이었다.

청년은 한숨을 내쉬며 주머니에서 담배를 꺼내 물고, 마지못해 문틈을 조금 열어 주었다.

"좋다. 근데 만약 거짓말이면… 가만두지 않을 테니까."

테오는 마음속으로 긴장을 늦추지 않으면서도, 이제 한 걸음은 성공했다는 안도감을 느꼈다.

괴한의 별명

청년은 다시 테오에게 물었다. "네가 찾는 그 놈, 별명이 뭐야?"

"별명이라니요?"

"내가 묻는 건 그 녀석의 이름이야. 여기 사람들은 본명 대신 '규칙'에 따라 만든 별명을 쓰거든. 별명은 글자 수며 형식까지 딱딱 맞춰서 만들어. 예를 하나 들어 줄게. 알겠지?"

별명만들기 규칙

진짜 성 - 중간 단계 - 별명

LANCE - CLEAN - DIRTY

(LANCE - 깨끗하다 - 더럽다)

ANGLE - ANGEL - DEVIL

(ANGLE - 천사 - 악마)

"비록 깡패짓을 하지만, 보시다시피 우리도 단어로 장난칠 정도는 돼! 그러니까, 네가 찾는 녀석의 별명이 뭐냐?"

괴한의 별명은 무엇인가?

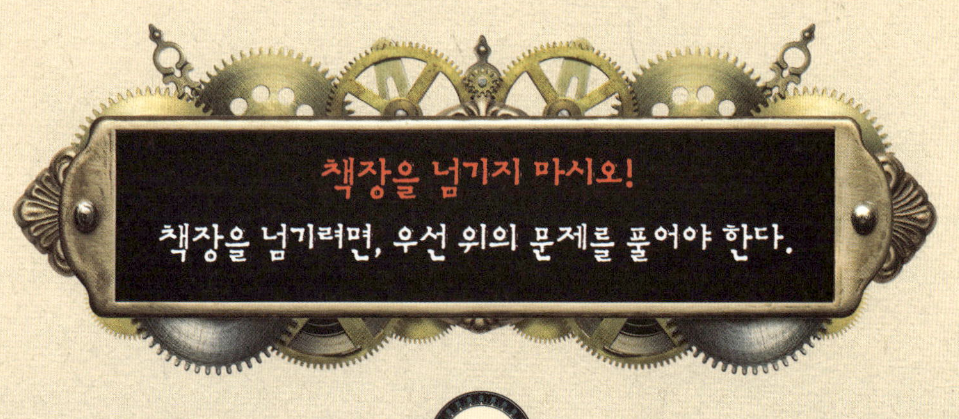

"아하, 라울 티글(Raoul Thigl), 별명은 '헤비'. 메닐몽탕 갱단에서 제일 잘 알려진 이름이지! 올라가 봐. 라울 방은 4층 왼쪽이야. 다만, 지금 집에 있는지는 장담 못 하겠어."

청년이 그렇게 말하며 옆으로 비켜 주었다. 그때 테오는 그의 허리춤에 꽂힌 권총이 빛나는 것을 보았고, 순간 등골이 오싹해졌다.

테오는 숨을 고르고, 삐걱거리는 나무계단을 조심스럽게 밟아 올라갔다. 계단 하나하나가 자신의 무게로 무너지지 않기를 바라는 마음으로.

네 번째 층에 다다르자 테오는 라울의 방문 앞에 섰다. 문 앞에 서자마자 자신이 아무런 계획도 없이 무작정 이곳에 와 버렸다는 사실을 깨달았다. 테오는 아주 조심스럽게 귀를 문에 대었다. 이제 지체하지 말고 행동으로 옮겨야 할 순간이었다. 에펠이, 어쩌면 이 방 어딘가에 갇혀 있을지도 모른다.

라울의 방

테오는 방주인을 겁먹게 만들 생각으로 힘껏 문을 걷어찼다. 문을 밀고 들어서자 방 안에는 아무도 없었다. 그는 이웃들이 몰려들지 않도록 재빨리 문을 닫고 잠갔다.

방에서는 숨이 막힐 듯한 악취가 풍겼다. 15제곱미터 남짓한 작은 방에는 낡은 침대 하나와 허름한 옷장, 그리고 작은 탁자뿐이었다.

테오는 구석구석을 뒤졌지만 쓸만한 물건은 보이지 않았다. 막 방을 나서려는 순간, 발밑의 마루가 예리하게 삐걱거렸다. 테오가 마루판을 들어 올리자 숨겨져 있던 가죽지갑이 어둠 속에 반쯤 드러났다. 손끝으로 가죽결을 더듬자 오래된 기름기가 배어 있어 주인이 자주 썼음을 알 수 있었다. 지갑의 표면에는 낡은 금박으로 찍힌 이니셜이 선명하게 보였고, 그 글자를 확인한 순간 테오의 심장은 덜컥 내려앉았다. 분명 구스타브 에펠의 것이었다.

지갑 속의 명함

테오의 예상은 틀리지 않았다. 에펠의 지갑 속에는 동전 한 닢도 남아 있지 않았고, 괴한에게는 별다른 쓸모가 없을 평범한 명함 몇 장만이 들어 있었다. 그는 조심스럽게 명함들을 하나씩 꺼내 살폈다.

그중에서 에펠이 일기장에 언급했던 기자 피에르 르블롱의 명함이 눈에 들어왔다. 명함의 앞면을 훑어본 뒤 뒤집었을 때, 뒷면에 적힌 짤막한 문구가 테오의 시선을 사로잡았다. 그 글귀는 분명히 무언가를 암시하는 듯했다.

피에르 르블롱

기자
파리가제트

조만간 만나 정보를
교환하도록 합시다.
아래 적힌 코드를 잘 간직하십시오.

1889

　테오는 지갑을 다시 접어 호주머니 깊숙이 넣고는 서둘러 방을 떠났다. 계단을 내려와 건물 입구로 돌아오니, 초반에 자신을 제지했던 그 청년은 이미 자리를 비운 상태였다. 안도의 숨을 내쉬며 주위를 한번 더 살핀 테오는, 이번 수색에서 에펠의 지갑을 건진 것 외에는 뚜렷한 성과가 없다는 사실을 곱씹었다. 대신 명함의 뒷면에 적힌 문구 하나가 머릿속에서 자꾸 맴돌았다. 어쩌면 그것이 다음 단서로 이어질지도 모른다. 이제는 무엇을 해야 할까?

이번 조사에서 얻는 정보를 통해
새로운 구로 이동할 수 없지만, 다른 구에서
유용하게 쓰일 것이다. 방심하지 말고
유용한 정보들을 다음을 위해 잘 기록해 두자.

에필로그

안녕,
구스타브 에펠

테오는 고인이 된 친구 구스타브 에펠이 잠들어 있는 르발루아 페레 묘지로 가는 차 안에서 1904년 4월에 벌어졌던 일들을 조용히 되짚었다. 채 48시간이 못 되는 사이에 벌어진 그 뜻밖의 사건들은 곧바로 사람들의 기억에 각인되었고, 테오 자신의 삶마저 완전히 뒤바꾸어 놓았다.

20년이 훌쩍 지난 지금도 그날의 풍경은 어제 일처럼 선명했다. 에펠의 실종, 바르도 궁전으로의 침입, 윈더모어를 쫓아 에펠탑 꼭대기로 올라갔던 순간, 허공 위에서 벌어진 두 사람의 결투, 그리고 마침내 파리 시의회의 결의까지. 차창 밖으로 흘러가는 회색빛 풍경을 바라보며, 테오는 그 사건들이 남긴 여운과 그때 느꼈던 두려움, 그리고 설명할 수 없는 벅찬 감정이 아직도 가슴 한켠에 깊이 박혀 있음을 느꼈다.

1904년 사건 이후

그 사건 이후, 에펠탑에서 떨어진 윈더모어가 실제로 죽었는지는 끝내 확인되지 않았다. 다만 분명한 것은 그가 다시는 모습을 드러내지 않았고, 그의 이름도 곧 사람들 입에 오르지 않게 되었다는 점이다. 그럼에도 불구하고 윈더모어는 가끔씩 테오의 꿈에 나타나 그를 괴롭히곤 했다.

몇 달 뒤, 니콜라 테슬라는 자신이 경고했던 대로 그 위험한 실험을 영구히 중단했고, 워든클리프탑을 파괴해 더 이상 무기로 전용될 여지를 남기지 않았다. 그 사건을 겪으면서 테오와 구스타브 에펠의 사이도 한층 더 가까워졌다. 테오는 단순한 조수가 아니라 에펠 연구의 가장 든든한 동료이자, 가장 믿음직한 친구가 되었다.

테오는 그 뒤로도 1914년까지, 십 년이 넘는 세월을 구스타브 에펠과 함께 공기역학과 무선전신 연구에 바쳤다. 두 사람은 실험실에서 밤을 새우며 안테나의 각도와 송수신부의 파형을 끊임없이 조정했고, 그 성과들은 곧 뜻밖의 방식으로 세상에 쓰이게 되었다.

제1차 세계대전이 발발하자, 테오는 자연스럽게 십 년 전 페리에 장군이 권했던 자리를 받아들여 전쟁부 무선통신국에 배속되었다. 마른강 전투가 한창이던 시기, 그가 근무하던 에펠탑 무선전신국은 적의 통신을 가로채고 결정적인 전략 정보를 프랑스군에 전달하며 전황을 바꾸는 데 중대한 역할을 했다. 통신망을 통해 흘러든 단서들이 적의 기동을 차단하고 아군의 반격을 가능하게 했을 때, 테오는 자신이 맡은 작은 역할이 전쟁이라는 거대한 흐름 속에서 분명한 흔적을 남겼음을 실감했다.

1918년, 휴전이 선언되자 군용 무선설비는 서서히 평화로운 목적을 향해 재편되었다. 그렇게 에펠탑의 전파는 군사에서 일상으로 옮겨갔고, '에펠탑 라디오'라는 이름으로 최초의 음악방송을 송출하며 또 하나의 역사를 시작했다.

테오는 구스타브 에펠의 무덤 앞에 서서 숨이 막히도록 뜨거운 눈물을 흘렸다. 비록 에펠은 이 세상을 떠났지만, 그가 남긴 뛰어난 과학 유산은 여전히 그 자리에 우뚝 서 있었다.

에펠탑은 시대를 건너뛰어 전 세계를 대표하는 상징이 되었고, 그 불빛은 앞으로도 오래도록 파리를 비추며 구스타브 에펠을 추억할 것이다.

ARAGO	ÉDITO	LAPIN	RADIO
ARBRE	ETHER	LIÈGE	REIMS
AVRON	FABLE	LILAS	SEINE
BABEL	FIOLE	LOTUS	SÉNAT
BARDO	GAÎTÉ	MICHEL	SINGE
BERCY	GAMMA	MONGE	TEMPO
BIJOU	GAULE	NOBLE	TESLA
BOMBE	HEAVY	ODÉON	TIGER
BUTTE	HERTZ	OPÉRA	TORCY
CARTE	HEURE	ORSAY	UNION
CHIEN	HOCHE	OURCQ	USINE
CŒUR	HÔTEL	PARIS	VAVIN
CULTE	IDÉAL	PASSY	VILLE
DELTA	ISAAC	PIANO	WAGON
DIDOT	JAVEL	POKER	XÉNON
DIJON	JOKER	PORTE	YOUPI
DUROC	KOALA	QUART	ZÈBRE

단서와 정답

제 1 구

가로챈 암호 속의 시간을 시계에 맞춰 수기 신호의 그림과 비교하면 장소를 알아낼 수 있다.

제 2 구

기자가 사용한 암호화 방법을 잘 알 수 있도록 예를 들어보자. 명함에 적힌 코드가 1234였다면,

암호화된 메시지	FSPPZTB AHDCAK
반복한 4개의 코드	+ 1234123 412 341
해독 메시지	GUSTAVE EIFFE

암호화된 메시지를 해독하려면, 다른 구에서 찾은 에펠의 지갑 속에 든 4개의 숫자코드가 꼭 필요하다.

제 3 구

교수는 당신이 수업을 빼먹었던 것을 알고 계단식 강의실 맨 뒤로 가, 시각화해서 칠판을 바라보게 한다.

제 4 구

에펠이 내준 문제를 풀려면, 다른 구(종이에 적힌 2구, 7구, 16구, 8구)들에서 얻은 답을 참고해 종이에 적힌 지시내용대로 놓으면 된다.
16구에서 얻은 단어 TEMPS(시간)에 해당하는 알파벳이 하나도 없는 것을 알았으므로, 마지막에 놓이는 알파벳이 무엇인지 확실히 눈치챘을 것이다.

제 5 구

색깔로 표시된 틀을 불이 들어온 전구판으로 옮겨 맞추면 전구가 들어온 판에 글자가 나타난다. 키워드를 찾으려면, 전구 밑에 표시된 색깔에 맞춰 알파벳을 배열해야 한다.

제 6 구

화살표 방향대로 각 상징을 반으로 접으면 된다.

제 7 구

종이에 적힌 정보는 에펠탑의 동서남북 4면과 각 문제의 면에 적힌 과학자들의 순서, 그리고 그 해당 순서의 과학자 이름의 글자 순에 해당한다.

제 8 구

(1) A(24) → B(8): 톱니바퀴 A와 맞물린 바늘이 시계방향으로 1바퀴 돌면 톱니바퀴 B는 24/8 = 시계반대방향으로 3바퀴 돈다. (2) B(8) → C(16): 톱니바퀴 C는 벨트로 연결되어 B와 똑같이 시계반대방향으로 3바퀴 돈다. (3) C(16) → D(24): 톱니바퀴 D는 16/24*3 = 시계방향으로 2바퀴 돈다. (4) D(24) → E(12): 톱니바퀴 E도 같은 축에 있어서 시계방향으로 2바퀴 돈다. (5) E(12) → F(24): 톱니바퀴 E는 12/24*2 = 시계반대방향으로 1바퀴 돈다.
⇨ 시계 바늘(A)이 문자판을 1바퀴 도는 동안(12시간), 래크는 24칸 오른쪽으로 이동 ⇨ 1시간이 지나는 동안 래크는 2칸 이동 ⇨ 30분이 지나는 동안 래크는 1칸 이동. 시침을 주어진 시간(12:30 → 12:00 → 12:30 → 14:00 → 17:00) 순서대로 움직이면 대응하는 5개의 알파벳이 나오게 된다.

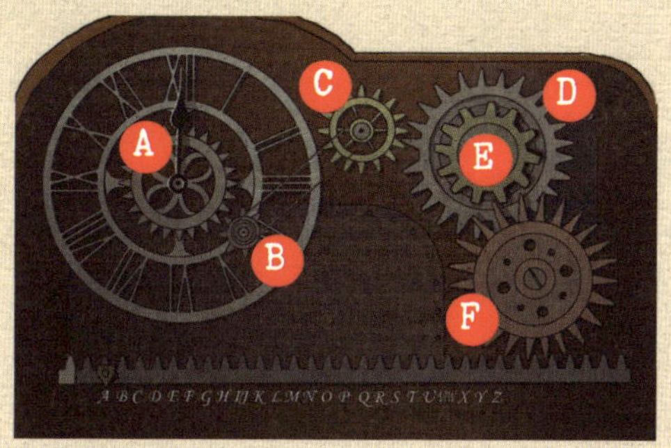

제 9 구

카드가 2장 있는 4번째 세로 칸에 가장 먼저 카드를 놓는다. 기존에 놓여 있는 카드들을 고려해 놓을 수 있는 색깔의 카드는 딱 하나뿐이다. 다른 칸들도 같은 방법으로 경우의 수를 제외해 가면서 카드를 놓는다.

제 10 구

문제를 풀려면, 다음과 같은 칸을 만들어 각 단서들을 체계적으로 칸에 넣는다.

		경찰관				문양		
		브레갱	르르와	그로냐르	봉피스	개	원숭이	토끼	호랑이
계급	순경								
	경장								
	경사								
	경위								
마스코트	개								
	원숭이								
	토끼								
	호랑이								

제 11 구

도착 지점에서 출발하면서 가능한 경로를 파악하는 것이 큰 도움이 될 수 있다.

제 12 구

동일한 측정값을 공유하는 점들을 연결하면 키워드가 만들어진다.

제 13 구

다섯 줄에 적힌 글자들은 서로 연관된 일련의 머릿글자이다. 예를 들어, 첫째 줄에 있는 알파벳은 음계에 해당하는 머릿글자들이며 두 번째 줄의 알파벳은 월을 나타내는 머릿글자들이다. 그렇다면 빈칸에 들어갈 알파벳들은 무엇인가?

제 14 구

CODE MORSE

A ·–	K –·–	U ··–	1 ·––––
B –···	L ·–··	V ···–	2 ··–––
C –·–·	M ––	W ·––	3 ···––
D –··	N –·	X –··–	4 ····–
E ·	O –––	Y –·––	5 ·····
F ··–·	P ·––·	Z ––··	6 –····
G ––·	Q ––·–		7 ––···
H ····	R ·–·		8 –––··
I ··	S ···		9 ––––·
J ·–––	T –		0 –––––

모스부호를 해석하면, '벽에 적힌 라틴어 머릿글자(Latin initials on the wall)'가 된다. 이 문제를 풀려면, 다른 구에서 찾은 갱단의 라틴어 좌우명을 알아야 한다.

제 15 구

제일 먼저 가장 간단한 글자 T의 폭발물과 기폭장치를 연결하고, 그 다음에 왼쪽 배선을 우회해 글자 C의 폭발물과 기폭장치를 연결한다.

제 16 구

'나의 고향은 색칠한 음계에 적혀 있다'라는 문구대로 9구에서 발견한 윈더모어의 고향에 해당하는 글자를 각 음계에 적는다. 각 장방형의 상징은 피아노의 건반을 나타내며, 그 위의 글자를 확인한다.

제 17 구

문제를 풀려면, 윈더모어 집에서 발견한 글자에 상응하는 일련의 상징이 필요하다. 스도쿠 문제를 푸는 방식으로 칸을 채워나간다. 가로 세로 6칸의 정사각형의 칸에 유일하게 한 개의 상징만 넣을 수 있고, 네모 안에 들어간 상징들의 글자를 5원소의 색깔순으로 놓는다.

제 18 구

톱니바퀴들이 축을 중심으로 도는 것은 별 의미가 없다. 톱니바퀴의 색을 잘 관찰해 보자.

제 19 구

암호화된 메시지를 해독하려면 다른 지역에서 암호해독법을 미리 찾아내야 한다.

제 20 구

문제를 풀려면, 구스타브 에펠을 공격한 괴한의 성을 알아야한다. 8구와 10구의 도움을 받을 수 있을 것이다.
⇨ 범인의 성을 철자 바꾸기한다.

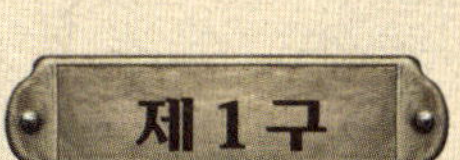 제 1 구

시간은 수기신호(세마포르 통신)의 자세이다.

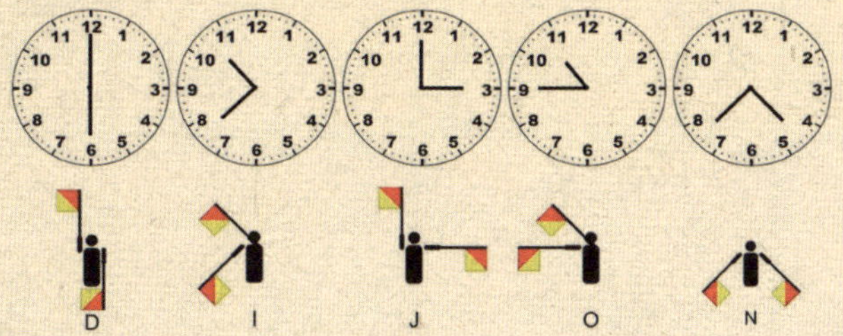

테러는 **DIJON**에서 일어날 것이다.

제 2 구

신문기자의 명함(20구 참조)에 적힌 네 개의 숫자코드로 메시지를 해독할 수 있다.

> Z OAQZJV ZR AF SZJVF
> + 1 889188 91 88 91889
> = A wizard is in Bardo.
> (마법사는 바르도에 있다.)

그러므로 정답은 **BARDO**이다.

제 3 구

칠판에서 떨어져 눈을 찡그리고 보면, **TESLA**가 보인다.

제 4 구

각 구에서 얻는 키워드를 다음과 같이 하나씩 추론하면 된다.

- TEMPS은 키워드에 해당하는 글자가 하나도 없다. 그러므로 TEMPO에 O는 제 자리에 위치한 글자라는 것을 추론할 수 있다.

- TEMPS에는 키워드에 해당하는 단어가 하나도 없기 때문에, PARIS의 P와 S를 제외하고 키워드에는 A, R, I(그리고 위에서 확인한 O까지)가 포함된다.

- BARDO에는 키워드와 공통된 글자가 네 개가 있기 때문에, 키워드의 나머지 글자는 B 아니면 D가 된다.

- BABEL에 키워드와 공통인 글자가 A 하나밖에 없고, 키워드에 A가 확실히 들어가기 때문에, 키워드의 마지막 글자는 B가 아니라, D라는 것을 알 수 있다.

- 그러므로 단어는 A, R, I, D와 마지막에 글자 O가 들어간다.

- BARDO의 A와 BABEL의 A는 올바른 위치에 있으므로, 단어의 형태는 _ A _ _ O이다.

- PARIS에서는 I가 확실히 제 위치에 있으므로(R은 키워드의 위치와 다르다. 그렇지 않다면, BARDO의 글자 세 개가 제대로 위치한 것이 될 것이기 때문이다.), 단어는 _ A _ IO일 것이다.

- PARIS의 R이 잘못된 위치에 있다고 했으므로, 찾는 키워드는 **RADIO**이다.

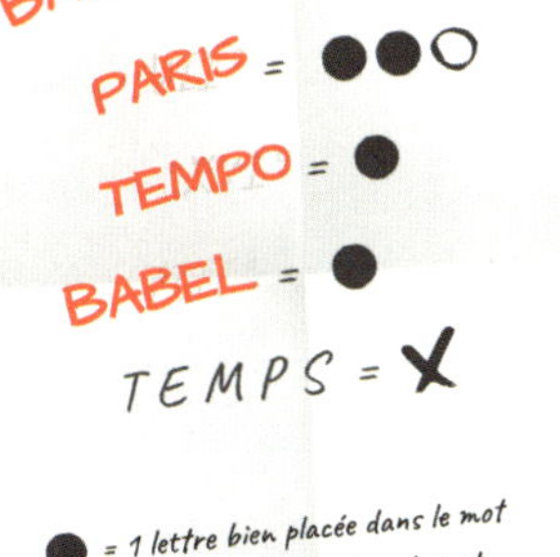

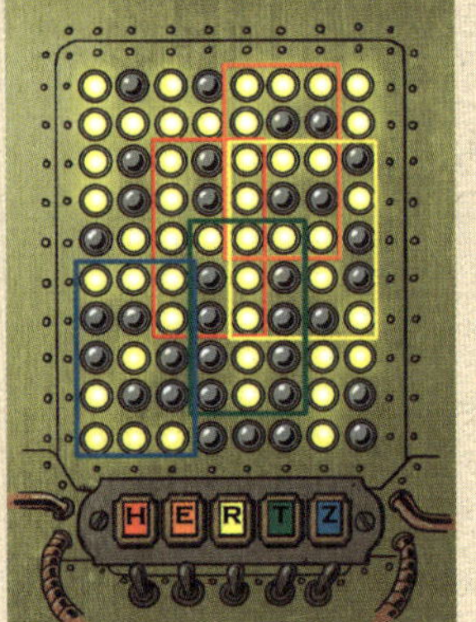

색칠된 틀을 불이 켜진 전구들 위에 놓으면, 단어 **HERTZ**가 된다.

제 6 구

점선 표시를 따라 위로 종이를 반으로 접은 다음, 위쪽 화살표가 가리키는 선을 기준으로 다시 한 번 아래로 접어 위에 있던 글자들을 아래쪽으로 내려 붙인다. 이때 위·아래의 화살표가 정확히 겹치면, 숨겨진 단어 **DELTA**가 완성된다.

→ DELTA ←

제 7 구

종이에 적힌 단서들을 다음과 같은 방법으로 해독한다.
NW-4-1: 북서면(센강 쪽), 4번째 과학자(PONCELET), 1번째 글자 **P**
SE-2-6: 남동면(군사학교 방향), 2번째 과학자(BELGRAND), 6번째 글자 **A**
NE-3-3: 북동면(라 부르도네), 3번째 과학자(WURTZ), 3번째 글자 **R**
SW-3-2: 남서면(그르넬방향), 3번째 과학자(FIZEAU), 2번째 글자 **I**
　　SE-4-4: 남동면(군사학교방향), 4번째 과학자(FRESNEL), 4번째 글자 **S**
　　　= PARIS

제 8 구

시계바늘이 가리키는 시간에 놓으면 **BABEL**이 된다.

제 9 구

에이스를 다음과 같은 방식으로 놓으면, 글자는 O, R, J, E, K가 되고 조합하면 키워드는 **JOKER**이다.

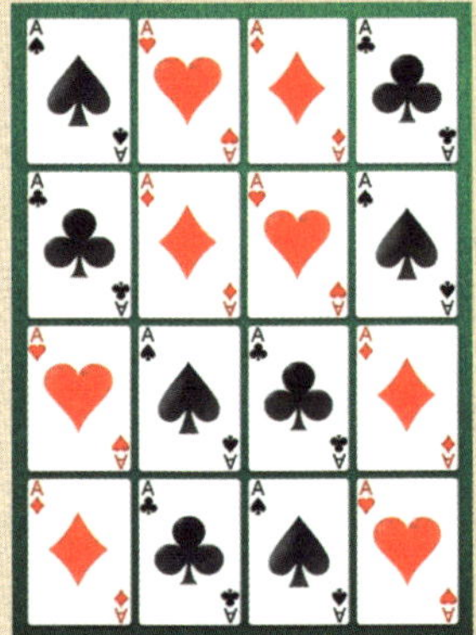

제 10 구

경찰관이 준 단서를 바탕으로 다음과 같이 추론할 수 있다.

		경찰관				문양			
		브레갱	르르와	그로냐르	봉피스	개	원숭이	토끼	호랑이
계급	순경	V	X	X	X	V	X	X	X
	경장	X	X	X	V	X	X	X	V
	경사	X	V	X	X	X	V	X	X
	경위	X	X	V	X	X	X	V	X
문양	개	V	X	X	X				
	원숭이	X	V	X	X				
	토끼	X	X	V	X				
	호랑이	X	X	X	V				

그러므로 봉피스의 문양은 **호랑이**이다.

188

자동차는 H, E, U, R 그리고 다시 E를 지나갔다.

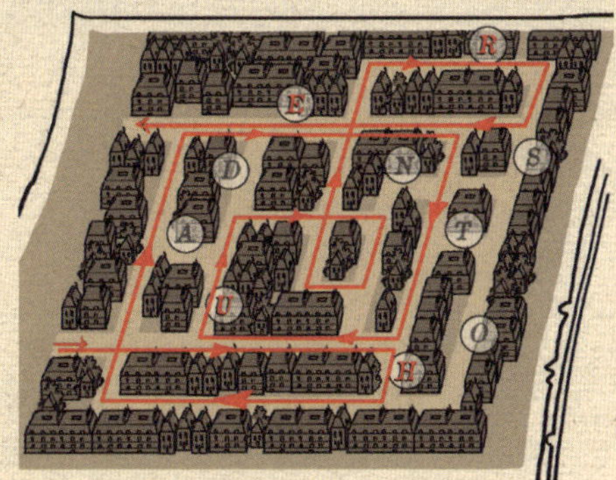

그러므로 답은 **HEURE**이다.

제 12 구

동일한 측정값을 가진 점들을 연결하면, **USINE**이 된다.

제 13 구

빠진 글자는 (음계 LA=머릿글자)**L**, (10월=OCTOBER 머릿글자)**O**, (숫자 3=THREE 머릿글자)**T**, (Mercury(수성) → Venus(금성) → Earth(지구) → Mars(화성) → Jupiter(목성) → Saturn(토성) → Uranus(천왕성) → Neptune(해왕성) 행성 중 천왕성=URANUS 머릿글자)**U**, (토요일=SATURDAY 머릿글자)**S**. 키워드는 **LOTUS**이다.

제 14 구

모스부호를 해석하면, '벽에 적힌 라틴어 머릿글자(Latin initials on the wall)'가 된다. 발전소에서 발견한 라틴어(12구 참조) '**E**X TEMPORE **H**OMINES **E**NERGIAM **R**EGUNT'를 통해, **ETHER**를 추론할 수 있다.

제 15 구

유일한 케이블 연결 방법은 다음과 같다.

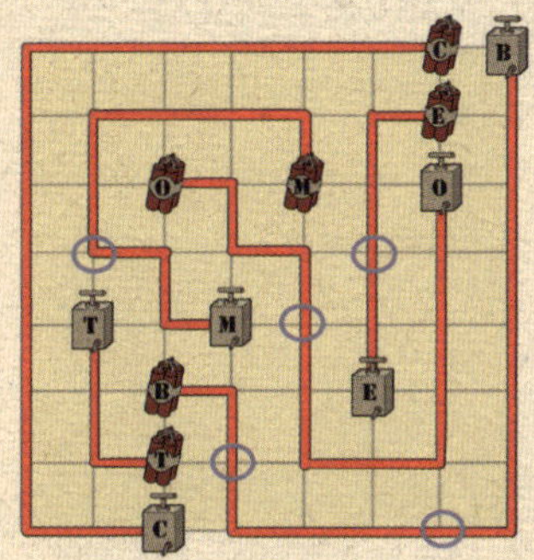

동그라미 친 전선에 해당하는 글자는 M, E, O 그리고 B(두 번)이다. 그 결과 얻을 수 있는 키워드는 **BOMBE**이다.

제 16 구

윈더모어의 고향인 **NEWPORT**를 색칠한 건반에 적으면, 각 도형에 해당하는 글자는 **TEMPO**(노란색 건반의 W는 뒤집어서 M)가 된다.

제 17 구

스도쿠를 풀어, 네모의 상징들을 5원소의 순서대로 놓고 16구에 있는 윈더모어의 집에서 가져온 단어와 맞춰보면, **ISAAC**이 된다.

TERRE = = I
EAU = = S
AIR = = A
FEU = = A
ÉTHER = = C

톱니바퀴의 색을 맞춰 보면 모두 2개씩이며, 짝이 없이 하나뿐인 톱니바퀴는 **오데옹**이다.

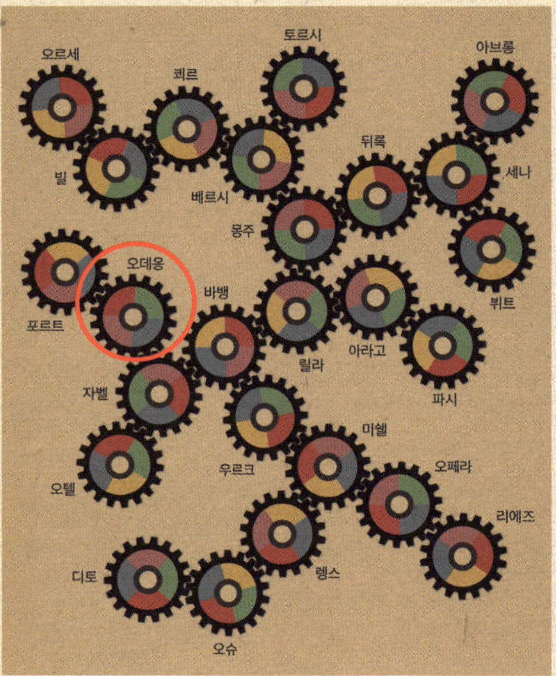

13구의 테슬라 집에서 얻는 암호해독법에서 힌트를 얻었다. **WRRCPHIURAIVNORCESSIHRASS**를 세로로 다섯 글자씩 배치한 다음, 가로로 읽으면 **WHICH RIVER RUNS ACROSS PARIS**(파리를 가로지르는 강은)이다. 정답은 **셴 (SEINE)강**이다.

→ 읽기

↓ 쓰기

W	H	I	C	H
R	I	V	E	R
R	U	N	S	A
C	R	O	S	S
P	A	R	I	S

8구에서 본 지문과 10구 경찰서에서 본 인체 측정 색인카드를 보면 괴한의 지문이 라울 티글의 지문과 일치하는 것을 확인할 수 있다.

라울의 별명을 알아내기 위해, 2단계의 규칙을 알면 된다. 범인의 진짜 성 ⇨ 범인의 성 철자 바꾸기(1단계) ⇨ 바꾼 철자의 반대말(2단계)

진짜 성 → 1단계(철자 바꾸기) → 2단계(반대말 = 별명)

Thigl → Light → Heavy

p. 9h : Ph ArtMechanic (portrait de Gustave Eiffel par François Touranchet pour l'Illustration, 1893) ; p. 9b : Ph. P. Petit Coll. Archives Larousse ; p. 11g : Ph. O.Ploton © Archives Larousse ; p.11 d : Ph. Atget/ Coll. Archives Larbor ; p. 12h : Ph. Jeanbor © Archives Larbor ; p. 12b : Ph. Dornac © Archives Larbor ; p. 13h : © Ellerslie/Shutterstock.com ; p. 13b : © Everett Collection/Shutterstock.com ; p. 14h : © Everett Collection/Shutterstock.com ; p. 14bg et autres pages : © alexblacksea/Shutterstock.com ; p. 14bd : Ph. Meurisse Coll. Archives Larousse ; p. 16-17 : Ph. BotMultichill (gravure de L. Poulmaire pour la Librairie Garnier Frères) ; p. 20h : © Everett Collection/Shutterstock.com ; p. 20b : © Yana Chita Photography/Shutterstock.com ; p. 21h : Ph. Coll. Archives Larousse ; p.21m : © Wedding Stock Photo/Shutterstock.com ; p. 21b : © Aris Suwanmalee/Shutterstock.com ; p. 22h : Ph. O.Ploton © Archives Larousse ; p. 22b : DR ; p. 23h : Ph. Coll. Archives Larousse ; p. 24h : Ph. Coll. Archives Larousse ; p. 24b : © n_defender/Shutterstock.com ; p. 26 : Ph. O.Ploton © Archives Larousse ; p. 28h : Ph. Library of Congress, Washington ; p. 28b : Ph. O.Ploton © Archives Larousse (gravure d'Adolphe Gusman d'après un dessin de Joan Berg, parue dans L'Univers Illustré du 19 Novembre 1887) ; p. 29h : Ph.Olivier Ploton © Archives Larousse (Le Petit Journal du dimanche 24 mai 1903) ; p. 29b :© Mikhail Pogosov/Shutterstock.com ; p. 30 : Ph. © Archives Nathan (Le Café Royal à Londres, Sir William Orpen, musée d'Orsay, Paris) ; p. 31h : Ph. O.Ploton © Archives Larousse (dessin de Brod) ; p. 31m : © Songquan Deng/Shutterstock.com ; p. 31b : © Andrey_Kuzmin/Shutterstock.com ; p. 33 : © Shutterstock.com ; p. 34 : © Kiselev Andrey Valerevich/Shutterstock.com ; p. 36h et b : collection privée ; p. 37h : © Joe Kirby Photography/Shutterstock.com ; p.37bg : © Marina Sun/Shutterstock.com ; p. 37bd : © Morphart Creation/Shutterstock.com ; p. 38h :© Everett Collection/Shutterstock.com ; p. 38b : © frankie's/Shutterstock.com ; p. 40h : © Alted Studio/Shutterstock.com ; p. 40b : © koyash07/Shutterstock.com ; p. 41 : © Nejron Photo/Shutterstock.com ; p. 44 : Ph. Coll. Archives Larousse (musée Carnavalet, Paris) ; p. 45h : © Marzolino/Shutterstock.com ; p. 45m : Ph. O.Ploton © Archives Larousse ; p45b : Ph. O. Ploton © Archives Larousse ; p. 46 : Ph. Library of Congress, Washington ; p. 48h : Ph. Coll. Archives Larousse ; p. 48b : Ph. Coll. Archives Larousse ; p. 49h : voir p. 9 ; p. 49b : Ph. Coll. Archives Larousse ; p. 50 : cate_89/Shutterstock.com ; p. 52 : Ph. Library of Congress, Washington ; p. 52b : Ph. Coll. Archives Larbor (illustration extraite du supplément illustré du Petit Journal du 19 avril 1914) ; p. 53h : © bzzup/Shutterstock.com ; p. 53b : © VanderWolf Images/Shutterstock.com ; p. 54 : Ph. Coll. Archives Larousse ; p. 56h : © arogant/Shutterstock.com ; p. 56b : © RATOCA/Shutterstock.com ; p. 57 :© Mario Breda/Shutterstock.com ; p. 60h : Ph. O. Ploton © Archives Larousse ; p. 60b : collection privée ; p. 61h : © givaga/Shutterstock.com ; p. 61b : © Nejron Photo/Shutterstock.com ; p. 64 : Everett Collection/Shutterstock.com ; p. 65h : Ph. O.Ploton © Archives Larousse ; p. 65b : Ph. Coll. Archives Larbor ; p. 68b : Ph. Coll. Archives Larbor ; p. 69h : Ph. Bibliothèque du Congrès, États-Unis ; p. 69b : Ph. Pierre Petit Coll. Archives Larousse ; p. 70h : © Alexander_P/Shutterstock.com ; p. 70b : © Juan Garcia Hinojosa/Shutterstock.com ; p. 71h : Ph. Jeanbor © Coll. Archives Larbor ; p. 71b : Ph. D.R. Coll. Archives Larbor ; p. 72h : Kuxu76 (BnF, Estampes et Photographie) ; p. 72b : Ph. Library of Congress, Washington ; p. 73hg : © Masekesam/Shutterstock.com ; p. 73hd : © Volodymyr Horbovyy/Shutterstock.com ; p. 73m : © 3355m/Shutterstock.com ; p. 73b : © Macrovector/Shutterstock.com ; p. 74 : © Triff/Shutterstock.com ; p. 76h : © Kiev.Victor/Shutterstock.com ; p. 76m : © Everett Collection/Shutterstock.com ; p. 76b : Ph. Basili (Arlette Dorgère dans Les Modes) ; p. 77 : © gbrew/Shutterstock.com ; p. 78 : © Kim Diaz/Shutterstock.com ; p. 78 : p. 80 : © Mykola Komarovskyy/Shutterstock.com ; p. 80bg : © alexlibris/Shutterstock.com ; p. 80bm : Ph. Olivier Ploton © Archives Larousse (Couverture de journal. Dessin de Louis Tinavre) ; p80bg : Ph. O.Ploton © Archives Larousse ; p. 84h : © Everett Collection/Shutterstock.com ; p. 84b : Ph. Coll. Archives Larousse ; p. 85 : Ph. © Archives Larbor – DR (gravure extraite du supplément illustré du Petit Journal du 24 octobre 1897) ; p. 86h : Ph. Coll. Archives Larousse (Bibliothèque nationale de France, Paris) ; p. 86m : © Everett Collection/Shutterstock.com ; p. 88h : © Andrei Savchuk/Shutterstock.com ; p. 88b : © Everett Collection/Shutterstock.com ; p. 89 : Ph. Coll. Archives Larbor ; p. 92h : Ph. Coll. Archives Larbor ; p. 92b : Ph. Meurisse Coll. Archives Larousse ; p. 93h : Ph. Coll. Archives Larousse ; p. 93b : © Wellcome Collection ; p. 94 : Ph. Olivier Ploton © Archives Larousse ; p. 95h : Fastfission ; p. 95b : Rflock (Bertrand Dete, Le Petit Parisien, 28 février 1892) ; p. 96 : Ph. © du Musée de la préfecture de Police, Paris/Coll. Archives Larousse ; p.97 de g à d : © Alexsander Ovsyannikov/Shutterstock.com, © GrashAlex/Shutterstock.com, © fotorath/Shutterstock.com, © cem bazarbasi/Shutterstock.com ; p. 98 : Gilman Collection, Purchase, The Howard Gilman Foundation Gift, 2001, Metropolitan Museum of art ; p. 100h : © Archives Nathan (Sur les Champs-Élysées, Jean Béraud, musée des Arts décoratifs, Paris) ; p. 100m : Ph. O.Ploton © Archives Larousse (d'après un dessin de Paul de Laubadère) ; p. 100b : Ph. Coll. Archives Larousse ; p. 101h : © gorGolovniov/Shutterstock.com ; p. 101b : © Everett Historical/Shutterstock.com ; p. 102 : Ph. O. Ploton © Archives Larousse ; p. 104 : © DigiZCP/Shutterstock.com ; p. 104b : © Nikolas_profoto/Shutterstock.com ; p. 108h : © Elisabeth Perotin/Shutterstock.com ; p. 108b : Ph. © Archives Nathan (Dessin d'Albert Robida extrait de La caricature du 19 juin 1886) ; p. 109h : collection privée ; p. 109m : Ph.Meurisse/Coll.Archives Larousse ; p. 110h : © Alexei Shevkunov/Shutterstock.com ; p. 110b : Ph. O.Ploton © Archives Larousse (Dessin de Frédéric-Théodore Lix à la une du Petit Journal du 1er décembre 1895) ; p. 111 : © vrender/Shutterstock.com ; p. 112h : © Everett Collection/Shutterstock.com ; p. 112b : © Leo Blanchette/Shutterstock.com ; p. 113 : © Glynnis Jones/Shutterstock.com ; p. 116h : © Georgios Kollidas/Shutterstock.com ; p. 116b : © rocharibeiro/Shutterstock.com ; p. 117h : © Dima Oris/Shutterstock.com ; p. 117b : © 4Max/Shutterstock.com ; p. 118h : New-York American, 22 mai 1904 ; p. 118b : © Nejron Photo/Shutterstock.com ; p. 119h : © Panos Karas/Shutterstock.com ; p. 119b : © Shutterstock.com ; p. 120h : © Everett Collection/Shutterstock.com ; p. 120b : © 3355m/Shutterstock.com ; p. 124h : © samanthainalaohlsen/Shutterstock.com ; p. 124m : © Valentyna Chukhlyebova/Shutterstock.com ; p. 125 : collection privée ; p. 125mg : Dessin Archives Larousse ; p. 125md : © Viktorija Reuta/Shutterstock.com ; p. 125b : © Zapylaieva Hanna/Shutterstock.com ; p. 126h : © Pierre-Yves Babelon/Shutterstock.com ; p. 126b : © Atelier Sommerland/Shutterstock.com ; p. 127 : © daniilphotos/Shutterstock.com ; p. 128h : © Fer Gregory/Shutterstock.com ; p. 128b : © Everett Historical/Shutterstock.com ; p. 129 : © Oleg Golovnev/Shutterstock.com ; p. 132h : © New Africa/Shutterstock.com ; p. 132b : © Subodh Agnihotri/Shutterstock.com ; p. 133h : Ph. © Archives Larousse ; p. 133b : Ph. Olivier Ploton © Archives Larousse ; p. 134 : © UVgreen/Shutterstock.com ; p. 136h : Ph. Olivier Ploton © Archives Larousse ; p. 136b : d'après © Everett Historical/Shutterstock.com ; p. 137 : © LightField Studios/Shutterstock.com ; p. 138 : © Ph. Coll. Archives Larousse ; p. 140h : collection Bibliothèque d'État du Victoria ; p. 140b : © Aurelien1/Shutterstock.com ; p. 141h : © Lorri Kajenna/Shutterstock.com ; p. 141m : © eAlisa/Shutterstock.com ; p. 141b : © Creative Lab/Shutterstock.com ; p. 142h : © Yuliia Hurzhos/Shutterstock.com ; p. 142b : © Kit Leong/Shutterstock.com ; p. 143 : © pql89/Shutterstock.com ; p. 144h : © alexlibris/Shutterstock.com ; p. 144b : © Georgio Nikaragua/Shutterstock.com ; p. 148h : © andersphoto/Shutterstock.com ; p. 148m : © Pascale Gueret/Shutterstock.com ; p. 148b : © releon8211/Shutterstock.com ; p. 149h : © Kiev.Victor/Shutterstock.com ; p. 149b : © Zakharchuk/Shutterstock.com ; p. 150h : © John Modic/Shutterstock.com ; p. 150b : © pql89/Shutterstock.com ; p. 151 : © Sychov Serhii/Shutterstock.com ; p. 152 : © STILLFX/Shutterstock.com ; p. 154h : collection privée ; p. 154b : Ph. Coll. Archives Larousse ; p. 155h : Ph. © Archives Larousse ; p. 155b : Ph. © Archives Larousse ; p. 156 : Ph. Coll. Archives Larousse (musée Carnavalet, Paris) ; p. 156b : Ph. Jeanbor © Archives Larbor (musée des Deux Guerres Mondiales, BDIC, Université de Paris) ; p. 157b : © Arcady/Shutterstock.com ; p. 161 : © Alex Azabache/Shutterstock.com ; p. 164h : Ph. Gaillard/ Coll. Archives Larousse ; p. 164b : Ph. Coll. Archives Larousse ; p. 165h : Ph. Coll. Archives Larousse ; p. 164b : Ph. C. Marville / Library of Congress, Washington ; p. 166 : Ph. Coll. Archives Larousse ; p. 167 : © Alexey Lebedev/Shutterstock.com ; p. 168h : voir plan ; p. 168b : © Nejron Photo/Shutterstock.com ; p. 169h : Ph. Olivier Ploton © Archives Larousse ; p. 169m : © voyageur8/Shutterstock.com ; p. 172 : Ph. O. Ploton © Archives Larousse ; p. 173h : Ph. Jacques Moreau © Archives Larousse ; p. 173b : Ph. O.Ploton © Archives Larousse ; p. 174 : Ph. O.Ploton © Archives Larousse (Les Gueux, dessin de J. Baseilhac pour l'Assiette au beurre, 1902) ; p. 176 : Ph. Michel Didier © Archives Larbor (illustration de Charles Désiré Berthold-Mahn, Bibliothèque de l'Arsenal, Paris) ; p. 177g : © Yuriy Vahlenko/Shutterstock.com ; p. 177d : © Nattapol_Sritongcom/Shutterstock.com ; p. 180 : © Gerardo C.Lerner/Shutterstock.com ; p. 181h : Ph. Coll. Archives Larousse (Smithsonian Institution, Washington) ; p. 181b : © Harvepino/Shutterstock.com